고민

한

두름

고민 한 두름

이택민

ㅊㅍㅅ

한 두름

조기 등의 생선을 셀 때 쓰는 단위로

생선을 지푸라기로 엮어 한 줄에 열 마리씩 두 줄,

즉 생선 스무 마리를 한 두름이라고 한다.

보기 좋게 엮어진 두름처럼

나의 고민들도 하나로 엮어낼 수 있지 않을까.

책을 내면서

우리는 고민을 엮으며 나아간다

고민에 잠 못 이루던 밤, 세상은 지우개 달린 연필과 같다고 생각했다. 생각을 적어내고 이내 지워버리는 밤이 지속될 때면, 이 세상이 모순으로 가득찬 곳이라고 느껴졌다. 나 역시 그렇게 아집과 끈기를 구별하지 못했고, 시도하지 않은 행동에 대한 기회비용을 계산했다. 낮게 나는 비행기를 보고도 여행을 꿈꾸지 않았고, 매일 아침 새로운 풍경을 마주하면서도 그저 고개를 반쯤 숙인 채로 지하철에 몸을 맡길 뿐이었다. 달력이 아닌 연력을 바꾸면서도 2020년이 주는 특별한 반복감에 웃음 짓지 못했던 것이다. 퇴사를 결심한 어느 낮에 문득 깨달았다. 가슴속에 품어왔던 것을 더이상 미루어서는 안되겠다고, 때로는 무모해질 필요가 있는 법이라고. 그렇게 마음을 먹고서야 비로소 입가에 미소가 번졌다.

스물, 자유를 가지는 나이라 배웠다. 스물, 청춘의 시작으로 여겼다. 아마도 올해는 청춘에 청춘을 더해 살아가도 좋을 한 해가 아닐까. 보다 진한 청춘의 봄 내음을 간직하고자 마음 한 켠 기꺼이 내어주는 일을 해보고 싶었다. 남은 계절을 위해 충분히 순간을 우려내는 일, 살아갈 시절을 위해 충분히 시간을 다려내는 일. 그것은 바로 고독에서 파생된 고민들을 엮어내는 일이었다.

블로그를 8년 동안 운영하며 〈문득〉 카테고리에 담아냈던 글, 군 시절 수많은 공책에 끄적였던 문장, 여행을 떠나 가졌던 사색의 시간을 한 권의 책으로 묶어내었다. 그 속에는 갓 스무 살의 입학생, 군 입대를 앞둔 한 남자, 휴가를 나온 일병, 아무도 쳐다보지 않는 복학생, 용돈벌이를 하는 아르바이트생, 6년간의 대학 생활을 마무리한 졸업생, 미지의 세계를 탐닉하던 여행자, 사회 초년생을 자처하는 취업 준비생, 맞지 않은 옷을 입었던 직장인, 그리고 퇴사자의 삶이 하나로 이어져있다. 좋은 일은 추억하고 그렇지 않은 일은 삶의 소재로 이용하자며 적어낸 글들에는 성인이 되어서부터 여전히 가슴 속을 떠나지 않는 고민들과 단순히 시간이 흘렀다는 이유만으로 사소해져버린 고민들이 녹아있다.

콩을 먹지 못했던 어린 날의 내가 여전히 콩밥을 먹지 못하는 것처럼 고민이란 음식 또한 그러했다. 시간이 지나면서 맛있게 먹을 수 있게 된 고민이 있는 반면 영원히 삼키지 못할 고민이 있었다. 생선을 보기 좋게 엮어낸 두름을 보며 내 머릿속 고민과 같다는 생각이 들었다. 길게 늘어선 스무 마리의 고민 역시 어떻게 조리하는지에 따라 맛이 달라지는 법이었다. 짧다면 짧고 길다면 긴 스물일곱 인생을 살면서 느껴왔던 고민과 그 고민의 조리법을 적어냈으니 독자분들께서 이 책을 덮었을 때, 고민 하나 뚝딱 조리할만한 용기와 위로를 얻어 갔으면 하는 자그마한 바람이다.

그 시절 나름의 고민과 함께 그 시절의 한 축을 담당했던 순간들, 그 시간을 되돌릴 수 있다 해도 그때와 같이 용기를 낼 수 있을까. 그때로 돌아간들 이 글들을 적어내지 못할 것 같다. 그래왔고 앞으로도 그럴 것이다. 8년간의 글을 묶어내 책을 펴내는 것은 동시에 다시 새롭게 무언가를 써 내려가 보겠다는 일종의 다짐이다. 시절의 문장에는 그저 그 시절이 담겨있을 뿐, 그 시절 최고의 생각이 담긴 것이 아니라는 사실을 깨달았을 때 나는 책을 낼 용기가 생겼다. 지난날의 글들에 묻어난 천진무구함을 넉넉한 마음으로 읽어 주길 바라는 마음이다. 고맙다.

내게 선뜻 고민 한 두름 엮을 기회를 제안해 준 재현이에게 고마움을 전하며, 잊혀질 수 없는 따뜻한 표지를 만드는 데 도움을 준 지혜, 출판사 로고를 형상화해준 선영, 책편사 아이디어를 공유한 예구에게 감사의 인사를 전한다. 마지막으로 여러 고민을 엮어내는 데 있어 튼튼한 지푸라기가 되어준 모든 인연들에게 감사드린다.

2020년 낮에
이택민 올림

차례

책을 내면서 |
우리는 고민을 엮으며 나아간다 6

한줄 | 시소 위에서

수챗구멍 16
자꾸만 가라앉는 나 17
노을, 목격하셨는지요 19
조금은 미지근해지더라도 20
풍파 21
그랑블루 22
듬성한 사람 23
더운 소주 24
생각의 끝은 항상 가장 짙은 남색 26
기회라는 불가산 명사 28

두 줄 | 약지를 보며

부싯돌 30
술에 취한 네 목소리 32
고독을 엮어내는 사색의 지푸라기 34
타성에 흠을 내기 위해 38
필사는 수완이 좋은 취미다 40
데이터로 남은 미소처럼 43
대화의 기술 44
주말이 기다려진다 47
가방 문을 열고 달리는 사람에게 49
책임을 회피한다면 우리에게 무엇이 남을까 50

세 줄 | 그곳에 가면

인연 만들기 54
깡통을 타고 날으며 56
마지막 인사를 건네기 위해서 59
두고두고 61
자신을 가볍게 만드는 시간 62
이기적인 대화 74
산을 보러 왔는데 삶을 보고 가네 75
외로움의 시를 쓰겠네 98
고독을 배우기에는 산이 좋다 104
또 이런 여행을 할 수 있을까 106

네줄 | 찰나의 스침

청양고추를 찾는 시기 118
하나의 오류가 되어 120
사이다 사랑 121
어찌할 방도가 122
새벽의 주인 123
어쩌다의 미학 126
모서리에서 모서리로 128
희석되지 않는 것들 129
몽땅, 연필 130
기꺼이 헤매라 132

다섯줄 | 오직 나로서

혓바닥, 말투, 이기심 134
콩밥 아니고 흰쌀밥 138
아이에게 여행이란 140
사람을 자주 고치면 탈이 나는 법 142
싯다르타의 해몽 145
슬스세권 148
새치 150
코로나 시대를 살아가는 인프제 153
피어오르는 싹을 보며 156
영등포 골방에서 시작된 158

여섯 줄 | 용기를 내어

다소 철없는 프로젝트 162
궤도에서의 고민 172
말아낸 세월 173
두 권의 책을 가지고 다니는 이유 176
가장 나를 슬프게 하는 것은 179
누구나 다 힘들잖아 181
당신의 현재 속도는 183
올해의 궤적을 더듬어보며 186
젊은 날 189
우리에게 필요한 건 호 190

책을 맺으며 |
'당시의 나'를 위해서 194

한 줄 | 시소 위에서

수챗구멍

 무릎보다 심장이 시려오는 비 오는 밤, 유난히도 길었던 목욕. 추억을 한 줌 짜내어 후회의 거품으로 가득 채우고 이내 하수구로 흘려보낸다. 수챗구멍에 남겨진 세상의 찌꺼기. 머리카락도 한때 나의 일부였을 텐데 만지기도 싫은 존재가 되어버렸다. 차디찬 멸시의 시선이 싫었는지 자기들끼리 뭉쳐있는 모습은 더욱 보기 거북하다. 입을 떠난 단어가 참을 수 없는 문장이 되어 다시 돌아오는 밤, 두 눈을 떠난 눈물이 비가 되어 내리는 밤. 나를 떠난 시간들이 모인 수챗구멍을 오래도록 들여다봐야지.

자꾸만 가라앉는 나

수영 강사가 묻는다, 수영에서 가장 중요한 게 무엇이냐고. 호흡, 연습, 발차기도 아닌 바로 힘 빼기. 힘을 빼야 몸이 뜬다고 한다. 힘을 주고만 살아왔을까. 자꾸만 가라앉는 나를 발견한다.

몸에 힘을 빼니 물에 육체가 떠오른다. 말에 힘을 빼니 얼굴에 단어가 떠오른다. 소금을 치지 않은 계란 프라이처럼 담백한 단어들이 둥둥 떠오른다.

이제는 무엇에 힘을 빼볼까. 사랑에 힘을 빼니 붉은 태양은 분홍빛이 되어 이것이 핑크빛 사랑이지 싶다.

졸업식 연설에 나선 목사는 우리에게 성공을 강요한다. 앞으로 나아가라고, 세상의 빛이 되라고. 힘을 줘야 나아갈 수 있다고 말하는 건 충고라는 탈을 쓴 혓바닥이다.

충고에 힘을 빼면 조언이 되고, 조언에 힘을 빼면 응원이 되며, 응원에 힘을 빼면 무언의 끄덕임이 된다.

아차, 다시 몸이 가라앉는다. 여전히 발차기를 해야 하고, 여전히 호흡을 가다듬어야 한다.

그렇게 힘을 빼야 한다.

노을,
목격하셨는지요

 퇴근길 무심코 쳐다본 하늘에 누군가 물감을 엎질러 놓았다. 어린아이의 장난이었을까, 고단했던 얼굴에 미소가 지어진다. 노을이 지는 순간, 모든 이들이 잠시 발걸음을 멈춘다. 멈춰 선 자들의 몸으로 노을이 물든다. 낭만이 퍼진다. 우리는 어쩌면 매일 저녁노을을 맞이하면서도 하늘을 바라보지 못했다는 핑계로 우울해 있지 않았던가.

 매일 노을이 지는 것처럼, 매주 주말이 찾아오는 것처럼, 우리에게는 매일이 낭만이지 않을까. 단지 우리가 보지 못했을 뿐, 낭만도 노을처럼 한순간에 지나가던 게 아닐까. 오늘 저녁 우리는 눈을 부릅뜨고 노을의 목격자를 자청해도 좋지 않을까.

 우리가 노을의 목격자가 될 수 있다면 내 안의 낭만을, 주황빛 하늘을, 힘껏 붙잡는 사람이 될 수 있지 않을까. 집으로 돌아오는 길, 지하철역을 나서는 모든 이에게 묻고 싶다. 노을, 목격하셨는지요?

조금은
미지근해지더라도

　머리맡에 고정된 에어컨. 다리 아래 행거와 옷가지. 옆구리 위 아슬한 조명. 잠든 사이 내게로 떨어지면 어떡하지, 못난 얼굴에 흉터라도 생기면 어떡하지. 떨어지는 기분으로 살아가는 사람. 그 사람의 물건들도 자꾸만 떨어지려고 하지 않을까. 아직 청춘인 내가 돌연 객사는 하지 않을까 걱정한다. 죽기 싫은 마음으로 선풍기의 타이머를 틀고 잤던 어릴 적. 지금은 살아가는 것만으로도 숨이 벅찬데, 그때는 누가 방문을 닫은 채 선풍기를 틀고 자면 숨이 막혀 죽는다고 했을까. 에어컨이 생기고 나서부터는 어린 날의 걱정을 하지 않아도 됐으니 삶의 무게를 조금 덜어낸 셈. 걱정의 시선은 머리 위 에어컨에서 멈춘다. 실내 온도를 알려주는 LED 화면에는 24라는 숫자가 빛나고 있다. 삼 년 전 내 나이, 나도 저렇게 빛났을까. 조금은 미지근해지더라도 에어컨 온도를 27도로 올리면 지금의 나도 빛나게 될까.

풍파

 수 겹의 파도를 견뎌내는 방파제. 태어나기를 막기 위해 태어났으니 여러 풍파를 겪는 것이 삶의 유일한 목적일지도. 사람은 태어나기를 죽기 위해 태어났으니 여러 아픔을 겪는 내가 무슨 대수일까, 파도를 담담히 받아들이는 방파제를 보며 생각한다. 우아하기로 마음먹지만 이내 평범이란 수 겹의 파도가 나를 감싼다. 파도가 나를 씻겨 내린다.

그랑블루

바다의 깊이가 파도의 빈도가 아니듯 생각의 깊이가 단어의 빈도가 아니다. 세상의 기저로 내려가기 위해서는 응당 참아야 할 것이 많다. 숨도, 고요도, 존재마저도. 모든 것이 가라앉은 세상의 바닥에서, 희미해진 삶의 시작점에서, 우리는 무엇을 만나게 될까. 심해에 적응한 외눈박이 광어를 만나게 될까. 야광 물질을 내뿜는 투명한 오징어를 만나게 될까. 그들을 만난다면 둘이 아닌 하나의 시선으로 세상을 바라볼 수 있는 지혜를 배울 수 있을까. 심해어의 눈으로 편견 없이 세상을 바라볼 수 있을까. 주변에 빛이 도달하지 않더라도 스스로 빛을 내는 사람이 될 수 있을까. 아무리 들여다보아도 보이지 않는 마음의 바닥처럼 아무리 만지려 해도 만져지지 않는 속내가 있으니 우리는 정말이지 참아야 할 것들이 많다. 외눈, 반쪽 햇살, 반만 알아 왔던 세상까지. 생각의 기저로 내려간다면 우리는 어떤 단어를 만날 수 있을까. 그 단어는 편견 없고 스스로 빛을 내는 단어일까.

듬성한 사람

폭도 좁고 상하 움직임이 강한 시소 위에 서 있다. 언제 떨어져도 이상하지 않을 만큼 위태롭기만 하다. 고등학생 때부터 지속된 '내가 원하는 것은 무얼까'라는 자문. 10년이 넘도록 지속된 고민에 여전히 정답을 내리지 못하고 있다. 혹자는 인생에 정답이란 없다며, 그저 살아가는 것이라며 위로를 하지만 나는 그 속에서 의미를 찾아내고 싶은가 보다.

지금은 늦었어, 때가 아니야. 스스로를 낮췄던 지난날들을 기억한다. 스무 살이 되었을 때에도, 전역을 했을 때에도, 취업을 했을 때에도. 너는 이제 와서 그딴 거나 하려는 거니, 너는 그만큼의 재능을 가진 게 아니야, 라고 말하며 나 자신의 기를 눌렀다. 작은 일에 반응했고 큰 일에 침묵했다. 그렇게 듬성한 사람이 되었나 보다.

지금도 나는 나를 잘 모르겠고, 나 자신이 무엇에 재능이 있는지 확인하기 힘든 상태. 띄엄띄엄 살다 보니 요즈음은 술도 많이 마시지 않는 편이다. 취해버리면 시소 한쪽으로 기울어질 것만 같아서.

더운 소주

- 안녕하세요. 아메리카노 하나 주세요.
- 차갑게 드릴까요, 따뜻하게 드릴까요.

아아, 양자택일의 삶이 카페까지 침범했구나.

- (미지근한 감정을 억누르며) 따뜻하게 주세요.

미리 선택해 주지 못함에 미안함을 느낀다.

찬 바람이 불 때면 따뜻한 아메리카노를, 더운 바람이 불 때면 차가운 아메리카노를. 커피를 마실 때에도 반대되는 것을 찾으니 사람은 본디 아이러니를 안고 살아가는 존재.

- 이모, 소주 하나 주세요.
- 응 그래, 무슨 소주 줄까?

소주 브랜드를 묻는 이모. 무언가의 온도보다 무언가의 이름이 중요해진 세상. 오늘은 날씨가 쌀쌀하여 더운 소주를 먹어볼까 했지만, 직원들 중 아무도 소주의 온도를 물어봐주지 않는다. 속으로 되뇌어보는 차가운 소주 드릴까요, 더운 소주 드릴까요. 소주는 사람을 뜨겁게 만들지만 차갑게 마셔야 하는 술이라면, 참으로 인간다운 술이구나. 소주, 이 아이러니한 존재여. 더운 소주를 생각하며 찬 소주를 마시고 미지근하게 취한 밤, 모든 아이러니는 나로부터 시작했고 모든 아이러니는 소주로 끝났다. 무더위가 시작하는 초여름, 더운 소주 한 잔 털어낸다면 정직한 사람이 될 수 있을까.

생각의 끝은
항상 가장 짙은 남색

생각에도 무게가 있다면 좋은 생각은 '그램(g)'일 테고 나쁜 생각은 '톤(t)'일 테다. 좋은 생각은 이를테면 여행을 계획하는 순간. 고즈넉한 카페에 앉아 지도를 펴놓고 여행의 시작점을 상상해보는 일은 우리를 날아갈 듯이 가볍게 만든다. 반면 사방이 꽉 막힌 만원 지하철에서 퇴사만이 정답이라고 떠올리는 고뇌는 우리를 심해로 가라앉게 만든다. 중요한 건 하늘 높이 날아간들 도착이란 없으며 바다 깊이 들어간들 끝은 보이지 않는다는 것이다. 우리는 언제나 그 끝을 보지 못하고 다시 지상으로 돌아오는 존재다.

위, 아래, 그 끝은 비슷하다. 하늘과 바다의 색이 비슷하듯, 우주와 심해의 색 또한 비슷하다. 좋고 나쁨 또한 마찬가지. 무언가의 극단은 푸르르기보다는 항상 가장 짙은 남색이다. 희로애락의 끝도 청량하기보다는 짙은 감정이리라. 끝에 가까워질수록(본질에서 멀어질수록) 결국 주변은 어두워진다(희미해진다). 어느 방향으로 나아가든지 우리는 선택의 순간을 맞이할 것이다. 짙어지는 생각의 끝으로 다가가는 사람이 될 것인가, 짙은 생각의 숨 막힘에 지상으로 돌아오는 사람이 될 것인가.

기회라는
불가산 명사

'공기 한 줌 쥐어 입으로 들이킨다.'

"말도 안 되는 소리!" 공기는 불가산 명사이니 한 줌이라고 표현할 수 없다며 토익 선생님께서 말씀하신다. 탁한 세상 속 깨끗한 공기 몇 줌 마시고 싶은 나는 공기에 수를 지정해 준다.

저기요 선생님, 셀 수 없기 때문에 불가산 명사라면 가산 명사는 셀 수 있겠네요. 그런데 기회는 셀 수 있다는데, 왜 저는 하나의 기회조차 잡을 수 없을까요. 사람들은 국내산을 좋아라 하면서 토종 국내산인 저는 왜 취급하지 않을까요.

두 줄 | 약지를 보며

부싯돌

 돌과 돌이 부딪혀 불을 만들어 낸다. 어느 하나가 유독 강하거나 또 다른 하나가 유독 약하다면 강한 돌에 의해 약한 돌은 부서져 버린다. 돌이 부싯돌로 불리기 위해서는 그와 비슷한 돌을 만나야 한다.

 너와 내가 부딪혀 불을 만들어 내듯 사람 사이에도 부싯돌의 역할을 하는 관계가 있다. 서로 부딪혀도 생각의 강도가 비슷해서 둘 중 하나가 부서지거나 크게 상처받지 않는 관계. 그런 사람 둘이 모이면 그들을 '친구'라고 칭한다.

 이러한 친구와 대화를 나누다 보면 생각의 무게 또한 비슷하여 서로의 이야기가 어느 한쪽으로 치우쳐지지 않는다. 각자의 입에서 나온 단어들이 돌처럼 부딪히고 스쳐, 스파크를 만들어내고 내면의 열정에 불을 피운다. 결이 비슷한 친구와 이야기를 나눌 때면 비를 맞은 듯 눈물을 머금은 가슴속에서 다시금 활활 타오르는 무언가를 느낄 수 있는 것이다.

부싯돌, 돌과 돌이 부딪혀 불을 내는 돌. 친구, 사람과 사람이 스쳐 열정을 불러일으키는 관계. 내가 '내'가 되기 위해서는 부싯돌이 필요하다.

술에 취한 네 목소리

 술에 취한 목소리가 좋다. 술에 취해 뭉개진 두부처럼 으깨지는 발음이 좋다. 흐물거리듯 말하지만, 맨정신 때 보다 뼈 있는 한마디가 나오는 취기 어린 상태가 좋다.

 술에 취해 전화할 수 있는 대상이 있다면 두말할 나위 없이 좋다. 몇 번이고 같은 말을 반복해도 처음 듣는 것처럼 경청해주는 친구 하나 즈음 두고 있단 사실이 좋다. 기대고 싶을 때 어깨를 넌지시 내어주는 사람처럼 말하는 자에게 기꺼이 귀 한쪽을 내어주는 사람이 좋다.

 술에 취한 네 목소리가 좋다. 어제는 내가 취했으니 오늘은 네가 취해도 좋다. 이따금 소주 한 잔 곁들이며 함께 취하는 건 더욱 좋다. 작은 불만을 토로하면 내 일보다 더 자신의 일처럼, 화염같이 화내는 사람이 좋다. 당사자가 민망해질 정도로 화를 내주어 괜스레 으쓱해지는 어깨가 좋다.

 술에 취한 목소리는 진심을 말하지만 듣는 자는 술에 취했다며 진심을 거부한다. 술잔을 권할 때 아무 의심 없이 받아드는 것처럼 마음을 전할 때 그 마음을 넙죽 받아줄 수 있다면 얼마나 좋을까. 술에 취해 이야기하는 사람이 얼마나 많은 용기가 필요했을까, 라는 호기로운 의심을 품어낼 넉넉한 인심을 가지고 싶다.

  술에 취한 네 목소리를 품고 싶다. 떡볶이를 담아낸 검은 봉지처럼 포근하게 품고 싶다. 무엇이 들었는지 알 수는 없지만, 봉지로 느껴지는 온기 가득한 사람이 되고 싶다. 쉽게 감정을 나타내지는 않지만 언제나 온기를 간직한 사람, 으스러진 발음으로 진심을 전하는 사람, 떡볶이 국물에 불어터진 밀가루 반죽 같은 사람이 되고 싶다.

고독을 엮어내는
사색의 지푸라기

고독의 배수진을 쳐야 한다

고독에 빠질 준비를 해야 한다.

욕조에 고독을 가득 채워 온몸이 흠뻑 빠질 수 있도록, 눈물이 흘러도 이내 고독에 잠기도록 출렁이게 채워야 한다.

눈물 자국마저 쉽게 지워질 수 있도록 고독에 빠져야 한다. 고독에 몸을 불려 슬픔을 밀어내야 한다.

고독에 몸을 불려 아픔을 씻겨내야 한다. 고독이 넘쳐흐를 때까지 고독에 잠기는 인내가 필요하다.

고독을 마음의 욕조에서 밀어내는 것이 아니라 차고 흘러 넘치게 해야 한다.

밀려드는 파도에 몸을 맡길지라도 인력에 허덕이지 않을 때까지.

오늘 밤, 우리는 고독의 배수진을 쳐 자신을 벼랑 끝까지 내몰아야 한다.

고독은 자발적이어야 한다

고독은 자발적이어야 한다. 자발적인 고독은 훌륭한 것이며 떠밀려진 고독은 다소 중요도가 떨어진다. 후자의 고독 속에서는 의미를 찾기란 어렵기 때문이다. 떠밀려진 고독에서 정신을 차릴 수 있다면 다행이지만 우리는 새벽에 실눈을 뜬 삶에 찌든 현대인처럼, 언제나 다시, 잠에 들고 만다.

세상은 고독을 허용하지 않으며 관계의 중요성을 강조한다. 이러한 세상 속에서 고독은 악, 관계는 선이 된다. 소셜 미디어를 통한 관계망 속에서 우리는 고독을 점차 잃어간다. 망 안에 갇힌 빨래 더미가 되어간다. 그저 이미지 세탁에 바쁜, 거듭된 세탁에 색이 바래지는, 거칠어진 천에 불과해진다.

불과한 삶에서 벗어나기 위해서라도 우리는 더욱 고독해져야 한다. 축축한 빨래 더미가 되어가는 관계 속에서 촘촘한 망을 찢고 나올 힘, 그 힘은 오로지 자발적인 고독에서 나온다. 줄탁동시, 고독으로 스스로를 깨울 수 있다면 세상 또한 나를 도울 것이다.

눈으로 보는 세상,

SNS으로 보는 세상.

'눈'을 영어 자판대로 적으면 'SNS'가 된다.
같은 자판이지만, 과연 같은 말일까?

지금 나는 세상을 어떻게 바라보고 있는가?

타성에
흠을 내기 위해

원고를 작성하는 지금, 노트북 화면에서 일정하게 깜빡이는 마우스 커서는 시간이란 흘러가는 것이 아닌 반복되는 것이라고 말해주는 듯하다. 흐르는 것이 아닌 흐르는 행위가 반복적으로 일어나 모두가 흔히들 착각하는 것. 우리는 어쩌면 이 단순한 속임수에 속아 평생을 착각하며 살아갈지도 모른다.

반복에 있어 가장 치명적인 것은 일정한 규칙의 깨짐이다. 어항에 실금을 내기 위해 창문 안으로 들어선 햇빛처럼 우리는 매 순간 분열을 일으키기 위해 움직여야 한다. 타성에 흠을 내기 위해, 깜박이는 빛의 오차를 찾기 위해 숨을 죽여야 한다. 타성에 젖어 오차를 놓치며 살아간다면 비를 맞고도 옷을 갈아입지 않은 사람처럼 악취를 풍길 테니까. 젖어 드는 것은 한순간이지만 축축해진 타성을 털어내는 데는 오랜 시간이 걸릴 테니까.

이렇듯 시간이란 정제된 개념 속에 반복된 일상을 담아내니 지하철 노선도와 다를 바가 없다. 선을 따라 내딛고 이내

선을 따라 도착하는 하루를 보낼 뿐이다. 매일 아침 같은 지하철 칸을 타지만 서로를 알아보지 못하는 사람들처럼, 같은 아파트에 살면서도 인사하지 않는 우리처럼, 흐름이 반복되지만 흐름을 인지하지 못하는 나처럼.

    우리는 타성에 흠을 내기 위해 조금은 진득해질 필요가 있다. 맥락 없이 빠르게만 스쳐 지나가는 것들을 효율이라 치장하는 시대 속에서, 반복이 아닌 흐름을 발견할 수 있는 각자 나름의 느림의 미학을 한번 생각해 볼 수 있다면 얼마나 좋을까.

필사는 수완이
좋은 취미다

　독서를 즐기는 여러 방법이 있다. 나 같은 경우에는 독서 중 인상 깊은 구절을 만나면 놀라움에 찌그러지는 미간처럼 그 페이지 상단 구석을 꾸긴다. 연필 한 자루 손에 쥐고 있을 때면 보다 적극적으로 책을 대한다. 마음을 건드리는 문장에 밑줄을 긋고, 문득 떠오르는 심상을 책의 여백에 끄적인다. 무조건 밑줄을 그어야 하는 것도, 생각을 적어내야 되는 것도 아니니 연필을 책상 위에 올려두기도 한다.

　다만 내가 해야 할 일은 책을 읽으며 마음을 두드릴 준비를 하는 구절들에게 마음의 문을 잠그지 않는 일. 마음의 방문을 살짝 열어놓는 일. 문을 두드리는 문장에 시선을 멈추고, 오른손에 연필을 쥐고 밑줄을 그어내는 일. 훗날 이 구절을 찾아 읽어보는 일. 인상 깊은 구절이 자꾸만 눈앞에서 아른거린다면 공책에 그 문장을 베껴 써보는 일.

　연필 한 자루와 함께 하는 독서는 책에서 문장 여럿을 수확할 수 있는 풍요로운 작업이다. 농익은 문장을 거두어들여 공책에 옮겨 심는 일이 얼마나 아름다운지. 책을 읽고 마음을 간

지럽히는 문장을 찾아 필사를 해보는 일련의 과정이 독서를 즐기는 하나의 방법이다.

책을 필사하면서 좋은 점은 편협한 단어 선택에 익숙해진 뇌를 스트레칭할 수 있다는 점이다. 풀어진 뇌 근육으로 보다 도전적인 단어를 사용할 수 있는 힘이 생긴다. 필사 작업으로 책에게 한결 수월하게 다가갈 수 있다. 편안한 마음으로 그 내용을 복기하며 다시금 마음속에 다짐하는 것들은 체에 거른 고운 밀가루와 같다. 책 한 권에서 작은 문장 하나 걸러낼 수 있다면 그것만으로도 독서는 남는 장사다. 문장 하나하나를 모아 삶을 구축하는데 있어 훌륭한 재료로 쓸 수 있다니, 정말이지 필사는 수완이 좋은 취미다.

금속 책갈피를 꽂아둔 페이지는
더 이상 바람에 흩날리는 종이가 아니다.
작은 쇠 뭉치의 무게를 더해 중심을 잡은
삶의 무게를 지닌 종이다.
주변의 참견에 흔들리지 않기 위해
말을 아끼고 이야기를 듣고자 노력하는 마음은
독서를 하며 문장을 쉽게 잊지 않으려
책갈피를 꽂는 마음과 같다.

데이터로
남은 미소처럼

　돌아가고자 하는 모든 것에는 미련이 서려 있다. 예컨대 커피를 마신 후 다시 빨대를 타고 내려가는 미량의 커피, 털어냈지만 결국 속옷에 묻어 나오는 오줌 한 방울, 지우개로 힘주어 지워냈음에도 지워지지 않는 오답의 흔적들이 그러하다. 컴퓨터 여행 폴더 속, 미처 삭제하지 못한, 웃고 있는 너를 맞이할 때 미련이 나를 와르르 무너트린다. 발가락을 향해 흐르는 커피처럼, 마음의 흉으로 남은 이름처럼, 0과 1의 데이터로 남은 미소처럼, 앙다문 입술 사이로 새어 나오는 신음처럼 어쩔 수 없는 것들. 모두 비워냈다고 생각했을 때 남아있는 것들이 있으니, 남아있는 감정은 잡초의 생명력을 지니고 있다. 매번 잘라내야 하는 발톱 뿌리처럼 끈질기게 되살아나는 장면들. 기억 저편 발목 높이로 자란 잡초를 발견할 때, 나는 무너진다.

대화의 기술

대화에도 기술이 필요하다면 그것은 아마도 '들어주기'와 '웃어주기'.

혀를 스치지 않고 목구멍으로 넘어가는 커피 맛은 어떠한지, 오가는 단어와 문장에도 들리지 않는 대화는 어떠한 내용인지. 이야기의 맛을 느끼기 위해서 필요한 대화의 첫 번째 기술은 '들어주기'다. 들어주어야 상대방의 이야기가 들린다. 그저 듣는 것만으로는 2% 부족하니까. 귀로 먼저 그 이야기를 들어주기 시작했다면 다음으로는 '웃어주기'가 필요하다. 너의 이야기를 듣고 있다는 것을 상대방 또한 느낄 수 있도록 표현하는 것이다. '웃어주기'와 비슷한 기술로는 '끄덕이기'가 있겠다.

하지만 영혼 없는 표정으로 무작정 웃어주는 것은 오히려 역효과가 날 수 있으니 조심하자. 공감을 표한 웃음이 비웃음으로 전락할 수도 있으니까. 서로 마음이 통하는 사이라면 대화 도중, 듣는 둥 마는 둥 딴청을 피워도, 아무 감정 없는 표정으로 이야기를 주고받아도 상관없다. 그러나 모두에게 그럴 수만 있었다면 우리는 관계에 대해 더 이상 걱정을 하지 않았을 것이다. 말하는 이의 이야기를 들어주지 않으면 상대방 또한 자신의 말을 들어주지 않는다는 것을 느낀다. "내가 방금 뭐라고 했어?"라고 물을 때, 앵무새처럼 했던 말을 그대로 뱉어낼 수는 있어도 메아리처럼 울림이 되어 돌아오지 않다는 것을 서로가 느끼는 것이다.

대화에도 기술이 필요하다는 사실에 서글프면서도, 최소한의 기술은 필요하지 않을까 느낀 시절이 있었다. 첫 직장에 입사했을 무렵, 머릿속에서 맴도는 단어들을 입 밖으로 꺼내지 못했다. 그대로 삼켜낸 단어들을 소화하지 못해 더부룩한 마음으로 오랫동안 침묵을 지켰다. 점점 의기소침해진 나머지, 어떠한 의견 하나조차 피력하지 못하고 이내 혀를 깨물었다. 그렇게 응고된 피를 다시 한번 삼켜내느라 목이 메이던 시절이었다.

대화의 기술은커녕 대화조차 쉽사리 이어나가지 못했던 시간 동안, 스스로를 변호해야 한다는 강박관념이 심했다. 회사 생활에 적응하지 못하는 내 모습을 인정하지 않았다. 현실과 이상의 괴리감에서 벗어나지 못했고, 누군가가 안부를 물을 때면 상황을 해명하고 감정을 변명하기 바빴다. 그저 상황을 털어놓고 오가는 대화를 경청하며 웃어넘겼다면 보다 수월하게 그 시절을 보냈을 수 있었을 텐데. 스스로가 속내를 털어놓지 못하니 그 누구도 나의 이야기를 들어주지도, 나의 이야기에 웃어주지도 않았다.

어느 한 번은 술자리에서 구석진 자리에 앉아 조용히 술을 마시고 있는 사람에게 연장자는 지적하듯 말했다. 너는 왜 말이 없냐, 너는 왜 이렇게 조용하게 앉아있냐, 와 같은 말들을 스스럼없이 하는 것이었다. 열과 성을 다해 들어주고 웃어주고 있을 그 사람의 마음은 안중에도 없었다. 죽도록 조용해진 경험이 있는 나로서는 영원히 가슴속에 사무칠 물음이었다. 마음이 불편해진 술자리를 마무리하고 집으로 돌아오는 길, 그 물음을 자주 생각했다. 목이 메어왔다.

주말이 기다려진다

주말에 아르바이트를 할 때면 어떠한 생각 하나 품을 여유가 없다. 그동안 단순 노동을 함에도 사색은 엄두조차 못 낸다는 사실에 격분해왔다. 그러나 아무 생각 없이 사람을 대하고 이야기할 수 있는 시간은 오직 이때뿐이라는 사실을 깨닫자 되자, 바쁘게 서빙을 하면서 엉망으로 변해가는 가르마를 신경 쓰지 않게 되었다. 작고 네모난 화면에서 오가는 텍스트가 아닌 서로의 얼굴을 마주하여 육성과 제스처로 상대방을 대해야 할 때, 허튼 감정 포장과 자기 과시는 필요 없었다. 실수를 빠르게 인정하며 순간에 집중하는 나를 발견하게 된 것이다. 주말이면 항상 '안녕하세요', '어서 오세요', '안녕히 가세요', '감사합니다', '맛있게 드셨어요', '또 오세요'와 같은 인사말을 달고 사는 스스로를 되돌아보게 되었다.

이러한 생각을 가지게 되자, 아르바이트를 하는 시간이 단순히 용돈벌이 수단이 아니라 내면의 안정을 찾는 시간으로 다가오기 시작했다. 심지어는 주말이 기다려지기 시작했다. 생각과 관계 속에서 지쳐가는 나날들을 아르바이트를 하는 시공간에서만큼은 고민하지 않아도 된다니! 평소 수많은 안녕을 입에 담으면서도 정작 안부를 궁금해야 할 사람들에게 안녕을 등한시하지 않았는지 반성해 본다.

안녕하세요, 인간의 순수한 궁금증과 물음. 이따금 나에게도 안부를 건넬 수 있기에 오늘도 안녕할 주말이 기다려진다.

가방 문을 열고
달리는 사람에게

   소설 속 인물들은 독자가 자신도 모르게 떨어트린 것을 주워주는 사람이다. 잃어버린지도 모른 채 걸어가는 이에게 물건을 건네기 위해 등을 토닥이는 사람이다. 소설을 읽으며 처음에는 고개를 갸우뚱, 경계를 표하고 긴장하겠지만 그자가 건네는 것이 자신이 잃어버린 물건이라는 것을 알게 되는 순간, 그를 도로 한복판에서 껴안는다 해도 전혀 이상하지 않을 것이다. 소설이란, 소설을 읽는 것이란 자신도 모르게 흘리고 있던 세상의 한 조각을 주워다 주는 사람에게 등을 내어주는 것이다. 우리는 언제나 빠르게 흘러가는 세상 속에서 가방 문을 반쯤 열고 달리는 사람들이니까.

책임을 회피한다면
우리에게는 무엇이 남을까

　책임을 지지 않으려 선택하지 않았다. 하지만 선택하지 않음으로써 책임져야 할 것이 생겼다. 책임이란 언제나 회피하려 할 때 찾아왔다. 피할 수 없는 수레바퀴와 같았다. 선택의 여부와는 무관했다. 책임은 나의 의지와는 달리 '어차피', '반드시' 가져야 할 사명감이었다. 피할 수 없다면 즐기라고들 하지만 즐길 수 없었으므로 피할 수도 없었다.

　언덕 위에서 바람을 맞이하는 것이 당연하듯 삶 위에서 책임을 맞이하는 것 또한 당연했다. 책임은 바람과도 같았다. 차디찬 겨울바람이 될 수도, 산들산들한 봄바람이 될 수도, 땀을 식혀줄 시원한 여름 바람이 될 수도, 선선한 가을바람이 될 수도 있었다. 어떠한 바람이 불어오든지 바람을 맞이하는 스스로의 처신을 달리해야 했다. 바람을 피할 수 없다면 바람을 맞이하는 장소를 달리해야 했다. 찬 바람이 시원하게 느껴지도록. 책임은 그랬다. 바람은 언제 어디에서나 불어오는 것인데 우리는 어깨에 잠시 머물다가는 바람을 무거운 책임감으로 치부했던 것이다.

책임은 대체로 '不'과 어울리는 경향이 있다. '무거운 책임', '책임 전가', '책임 회피' 등과 같은 단어와 친하다. 그래서 우리는 책임을 질 나쁜 친구와 어울리는 사람처럼 꺼림칙하게 여긴다. 웅덩이에 고인 오물을 피하듯 책임을 전가하고 회피한다면 우리에게는 무엇이 남을까.

무겁다는 이유로 책임을 내려둘 것이라면 차라리 나 자신을 내려두는 편이 낫다. 겨울날, 바람이 차다고 하여 방 안에만 머물고 있다면 여름날의 시원한 바람 또한 맞이할 수 없을 것이다. 책임이 조금 더 가벼워지기를 바란다. 가벼운 책임감을 말하는 것이 아니라 책임을 가볍게 맞이하자는 것이다. '달달한 책임', '책임 챙기기', '책임 나무', '책임 한 잔'. 앞으로의 나날들이 책임으로 인해 한결 가벼워지기를 바란다.

세 줄 | 그곳에 가면

인연 만들기

군 시절 이야기다. 6개월, 반년 만에 나가는 휴가였다. 어떻게 참았는지 생각만 해도 기특한 나를 위해 알찬 휴가를 보내겠노라 계획을 거듭 세웠다. 그중의 하나는 혼자서 여행을 다녀오는 것이었고 행선지는 '전주'였다. 전주에서 밤을 보낼 게스트 하우스의 이름은 다름 아닌 '인연 만들기'. 혼자 온 나로서 기분 좋은 상상을 하게 만드는 이름이었다.

하지만 비수기인 데다가 느닷없이 내린 폭우까지 겹쳐 사람이 몇몇 모이면 막걸리 잔치를 연다던 게스트 하우스는 그날따라 유난히도 조용했다. 휴게실에서 컴퓨터를 잠시 만지작거리다 마주친 사장님께 숙소에 아무도 없냐고 여쭤보니 오늘은 댁 혼자라는 쓸쓸한 한마디만 들을 수 있었다. 혼자서 하는 '인연 만들기'라니.

실망감을 안은 채 누운 4인용 도미토리. 2층 침대의 빈자리가 유난히 더욱 커 보였다. 공허함에 도저히 잠을 청할 수 없어 나선 전주 한옥마을 거리에는 낮에 보았던 북적임은 사라지고 진짜 전주만이 남아있었다. 비가 와서 그런지 대부분의 상가들은 일찍 문을 닫았다. 불이 켜진 곳을 찾아 나섰고 술 한잔할 수 있을법한 가게로 들어갔다. 부부가 운영하는 것으로 보이는 작은 꼬치 가게. 단골손님들만 오는 곳인지 주인은 테이블을 이쪽저쪽 옮겨가며 술을 받고 있었다. 그러는 동안 그의 아내는 내가 주문한 모둠꼬치를 초벌하여 가져다주었다.

혼자 마시는 소주는 왜 이리 취기가 빨리 올라오던지! 앞으로 남은 1년의 군 생활과 직면한 문제들을 고민하던 찰나, 뒤에서 들려오는 아내의 자그마한 투정. 여기저기 불려다니며 술을 마시던 남편이 못내 미웠던 거다. 가게에 딸린 작은방으로 들어가 아내를 달래주는 남편과 커튼 사이로 그 모습을 바라보는 나.

문득, 이런 인연을 만들고 싶단 생각이 들었다. 이런 인연이라면 평생을 함께해도 될 것만 같아 얼른 소주 한 잔을 따라 마셨다. 술 한 병으로 발개진 얼굴과 부부를 보고 붉어진 가슴을 안고 숙소로 돌아와 잠을 청했다. 자고 일어났을 때 온몸이 찌뿌둥한 건 숙취 때문이 아니라, 잠든 사이 나도 모르게 인연의 끈을 더욱 조여 매서 일지도 모른다는 생각이 들었다.

깡통을
타고 날으며

1-1

이른 아침 출근길 수원역, 에스컬레이터를 타고 올라와 지하철 앞쪽으로 향한다. 맨 앞칸 바닥에는 1-1부터 1-4까지 번호가 적혀있다. 줄이 가장 짧은 번호를 찾아서고 이내 지하철에 몸을 싣는다. 한 시간 남짓 동안 몸을 맡길 지하철 안의 공간을 고려한 선택. 공간의 빈 공간을 염려하지만 빈 공간의 공간을 염려하는 모습은 어디로.

1-2

매일 지하철 개찰구를 오가며 숫자를 확인한다. 단말기에 교통카드를 대는 순간, '삐-'하며 떠오르는 숫자를 바라본다. 십만 원이 넘어가는 날에는 이렇게 또 한 달이 지나가고 있음을 두 눈으로 느낄 수 있다. 한 달 동안 무엇을 시작했는지, 무엇을 지속했는지, 무엇을 포기했는지, 무엇에 행복했는지, 기억을 더듬어 본다. 애매하게 측정된 십만 사백오십 원처럼 애매한 한 달을 보냈을까. 보기 좋게 딱 떨어지는 숫자로 한 달을 마무리한다면 보다 명확한 한 달을 보냈다고 느낄 수 있을까. 십만 사백오십 같은 한 달이 지나가고 천사백오십 같은 2월의 첫날을 맞이한다.

2-1

 지하철 여인은 내 마음을 행복하게 뒤흔든다. 2호선 깡통을 타고 날으며 나는 너무 행복하다.

2-3

 지하철 막차 시간. 크고 작은 것들이 크고 작은 하루를 안고 고르게 나열된 자리를 차곡차곡 채운다. '12'로 모여드는 시곗바늘처럼, 지하철 막차를 타기 위해 모여든 사람들. 시침, 분침, 초침, 생긴 모습은 모두 달라도 같은 내일을 맞이하는 사람들로 가득 찬 어제의 마지막 지하철.

3-1

스쳐 지나가는 지하철처럼 삶을 흘려보내면 안 된다. 그 지하철은 언젠가 내가 타야 할, 아니, 부리나케 뛰어서라도 놓치지 말았어야 할 지하철이었을지도 모르니까.

3-4

퇴근길, 나와 비슷한 교통비를 가진 사람을 보았다. 한 달의 보름이 지난 시점에서 비슷한 교통비를 사용한 사람. 비슷한 환승 수를 가졌을 테고, 비슷한 생활패턴을 가졌을 것. 비슷한 고민을 할지도 모른다는 생각이 들자 동질감마저 느껴졌다. 그렇게 비슷한 사람일지도 모른다는 혼자만의 상상. 교통비를 아까워하면서도 술값 정도는 쉽게 지불하는 사람일지도, 껌 한 통은 껌이지 하면서 환승 추가 요금 오백 원은 죽어라 아까워하는 사람일지도 모른다는 생각.

마지막 인사를
건네기 위해서

　새벽 기차를 타는 것은 처음이다. 열한 시 이십 분에 출발하는 정동진행 청량리발 기차. 이 시간에 여행을 떠나는 사람이 이렇게나 많을 줄이야 상상이나 했을까. 모두가 같은 마음을 품고 기차 위에 몸을 맡겼을까. 언제고 아침 첫 버스를 타고 집에 귀가한 적이 있다. 첫차가 '오히려' 만석이었다. 의외였다. 새벽부터 일터로 향하시는 분들이 많구나.

　여행을 떠나는 사람들, 일터로 향하는 사람들. 그들은 서로 다를까. 삶을 살아가는 모습은 서로 반대 방향을 향해도 결국 같다. 역방향 의자에 앉더라도 같은 목적지에 도착하는 기차처럼. 새벽 기차를 가득 메운 사람들을 보며 아침 첫차에서의 사람들을 떠올려 본다. 주변에는 졸려 하는 모습들이 보인다. 꾸벅이는 고개에 온몸이 휘청여도 다시금 중심을 잡는 사람들.

　어스름한 새벽, 분주한 정동진역, 고요한 파도, 서서히 태양이 떠오르는 수평선, 아직 찬 바람이 부는 해변, 그 위에 서 있는 나. 잠을 설쳐가면서 여기에 온 이유는, 추위에 떨면서 여기에 서 있는 이유는, 파도가 만들어 낸 작은 언덕을 보기 위해서. 누군가 버리고 간 지난밤의 폭죽을 줍기 위해서. 깨진 조개껍데기로 하나의 모양을 만들기 위해서. 저 수평선 너머로 끌려가는 파도에게 마지막 인사를 건네기 위해서.

선명해지는 여명의 눈동자, 붉은 기운은 세상을 밝히고 나를 깨우며 바다를 들썩인다. 바다는 하늘의 거울, 바다는 태양을 비추고 하늘의 온도를 닮아간다. 그 거울에 나를 비추어 본다. 짧은 순간에 태양은 구름 위로, 해무 뒤로 사라져간다. 대낮에 커튼을 열어젖히자 거실이 삽시간에 밝아지듯, 태양이 떠오른 지 한 시간도 채 되지 않았지만 이미 해변가는 따사롭다. 모래알에게 일일이 아침 인사를 건네는 태양, 거대하지만 그만큼 겸손한 사람 같다.

해돋이를 맞이하고 초당 순두부를 먹는다. 허기진 배를 달래고 집으로 돌아가려는 길, 남은 기차 시간에 해변을 다시 찾는다. 어느새 해는 높이 솟구쳐 보다 많은 이들의 아침을 깨운다. 구름 사이로 비친 햇살을 똑바로 쳐다 볼 수 없어 거울에 비친 윤슬에게 마지막 인사를 건넨다.

두고두고

필름 카메라와 함께 여행을 한다는 것은 앞으로 펼쳐질 광경에 대한 마음의 여지를 남겨두는 것이다. 필름 카메라는 봄과 닮았다. 셔터를 누르는 행위는 씨앗을 뿌리는 것과 같다. 가을의 수확물에 일 년의 희비가 갈릴 터다. 서른 여섯 개의 씨앗을 신중히 고른 곳에 뿌려야 한다. 필름 카메라는 겨울날의 김장이다. 맛있게 잘 담그고 장독에 넣어 푹 익혀두면 된다. 기다리지 않아도 된다. 그러다 여름날 생각이 날 때 즈음 꺼내어 삼겹살에 곁들여 먹으면 그만이다. 두고두고 꺼내 먹어야지 싶다.

자신을 가볍게
만드는 시간

낙동강 오리알이 되어도

 입대를 한 달 앞두고 비슷한 시기에 입대하는 친구들과 자전거 여행을 계획했다. 훈련소에 입소하면 훈련의 마지막으로 철야 행군을 한다고 했으니 이 정도 예습은 해줘야지 싶었다. 거리는 인천 아라 서해갑문부터 부산 낙동강 하굿둑까지 총 633km. 우리는 4박 5일 동안 자전거를 타고 한반도를 대각선으로 가로지르기로 했다. 혹서기가 시작되는 7월이었다.

 이른 아침 공항버스 짐칸에 자전거를 나란히 싣고 김포공항으로 넘어갔다. 공항에서 자전거를 타고 아라뱃길로 향했다. 서해갑문 유인 인증센터에서 구간별로 종주 인증 스탬프를 찍을 수 있는 수첩을 구매했다. 종주하며 마주하는 인증 부스 각 지점에서 스탬프를 모두 찍으면 도착지 부산에서 국토종주 인증 메달을 수령할 수 있었다. 종주 시작점 '아라 서해갑문' 빨간 부스에 들어가 첫 스탬프를 찍었다. 부스 옆으로 자전거길 시작을 알리는 조형물과 기념비가 보였다. 기념비의 글귀는 이러했다. *가자, 가자, 가자! 바퀴는 굴러가고 강산은 다가온다.* 정서진을 배경으로 호기롭게 인증사진을 찍고 자전거 페달을 밟기 시작했다. 우리는 함께 "부산으로, 가자! 가자! 가자!"를 외쳤다. 바퀴는 부산을 향해 굴러갈 것이고 강산은 내게 다가올 것이었다.

    서울에서 남양주를 거쳐 충주에 진입한 둘째 날 저녁, 별안간 소나기가 쏟아졌다. 숲속 자전거길엔 비를 피할 곳이 없었고, 어쩔 수 없이 가장 가까운 비내섬 인증센터까지 비를 맞으며 자전거를 타야 했다. 스탬프를 찍고 비를 피해 인증 부스 뒤편의 불이 켜진 식당으로 들어갔다. 문을 열어보니 식당이 아니라 과자와 음료, 생필품을 팔고 있는 잡화상점에 가까웠다. 마을 주민들의 모임 장소로도 이용되고 있는지, 주민으로 보이는 아주머니 몇몇이 식사를 준비하고 있었다.

    우리는 비를 털어내며 인사를 건넸다. 간단한 주전부리를 구매하며 잠시 쉬었다가도 되는지 물었다. 홀딱 젖은 우리가 안쓰러워 보였는지 그들은 "아들 어디서 왔어?" "비를 쫄딱 맞았네." "아이고, 너네 배고프겠다." 하시며 큼지막한 양푼에 흑미밥을 퍼주고는 과자 먹지 말고 밥 먹고 가라며 반찬으로 배추김치와 고추장까지 내어준다. 배가 고팠던 우린 연신 고개를 끄덕이며 이틀 동안 쌓인 피로와 허기를 허겁지겁 해치웠다. 잘 곳이 있냐는 물음에, 근처 사우나에 갈 것이라고 답했다. 비도 오는데 그 먼 사우나는 무슨, 요 앞에 마을 회관을 열어줄 테니 거기 가서 샤워도 하고, 편하게 하룻밤 자고 가라고 한다. 타지에서 온 청년들에게 마을 회관을 내어주는 선심은 어떤 마음에서 비롯된 걸까. 너른 양푼처럼 푸짐하고 방금 지은 흑미밥처럼 따뜻한 인심을 맛봤다.

셋째 날 점심 탄금대를 지나 수안보에 도착했는데, 친구 J가 국토종주 인증 수첩을 전 인증센터에 두고 왔다. 친구는 큰 실망감에 휩싸였다. 다 같이 뒤로 돌아가서 수첩을 찾아오자고 말할 수 있었지만, 그 누구도 왕복 50킬로미터 자전거 길을 선뜻 제안하지 못했다. 포기할 구실이 생긴 듯 친구는 종주를 포기하였다. 이제 둘만 남은 자전거 여행. 다음날엔 남은 친구 K가 자전거 바퀴가 터진 지 모른 채 한동안 페달을 굴렸고, 결국 무릎에 통증을 호소하며 구미에서 중도 하차를 선언했다.

마지막 이틀을 남겨두고서 친구들 모두가 집으로 돌아갔다. 나도 여기서 그만 멈추고 집에서 선풍기 바람을 맞으며 치킨 한 마리 뜯고 싶은 욕구가 솟구쳤지만 돌아갈 수 없었다. 끝까지 해보고 싶었다. 아니, 끝까지 가야 했다. 지금 포기하면 영영 포기할 것 같았다. 앞으로의 이틀을 참지 못하면 군 생활 2년은 절대 견디지 못할 것이라는 생각이 들었던 것이다 (도중에 집으로 돌아간 친구들과 나, 우리 셋은 모두 무사히 군 생활을 마쳤다!).

친구들을 떠나보내고 단신으로 낙동강 상류에 진입했다. 이것이야말로 낙동강 오리알 신세다. 이때부터 본격적으로 자신과의 사투가 시작됐다. 누구도 나의 자전거를 대신 타주지 않았고, 아무도 나의 페달을 대신해서 밟아주지 않았다. 오롯이 혼자만의 힘으로 나아가야 했다.

혼자서 자전거를 타다 보니 식당보다는 편의점에서 끼니를 때웠다. 동행의 부재는 물론 수중의 돈도 점점 떨어져 가고 있었다. 기운을 내기 위해 혼잣말을 하고 허공에 "가자! 가자! 가자!"를 외쳐봤지만 전혀 힘이 나지 않았다. 조용히 땅을 바라보며 페달을 굴렸다. 목표로 했던 합천창녕보 인증부스에 도착했다. 수첩에 스탬프를 찍고 나오자 근처에서 음료수를 마시고 있던 무리가 말을 걸어왔다. 혼자 오셨느냐고, 셋보다는 넷이 방을 잡는 게 훨씬 저렴하다며, 같이 숙소를 잡는 게 어떠냐는 제안이었다. 돈을 아끼기 위해 편의점에서 끼니를 때운 나로서는 거절할 이유가 없었다. 고개를 끄덕이며 제안에 응하자 무리 중 한 명이 민박집에 전화를 걸었다. 수줍게 인사를 나누고 픽업 차량을 기다리고 있는데, 세 사람이 더 도착했다. 그들도 같은 숙소에 묵기로 했고, 셋에서 하나가 되었던 나는 어느덧 일곱의 무리가 되어 있었다.

숙소에 도착해 짐을 풀고 다 같이 감자탕을 먹으러 나갔다. 서로 통성명하며 나이를 밝혔는데, 모두 이십 대 후반의 형들이었다. 맥주잔을 주고받으며 각자 여행을 떠나온 이유를 나눴다. 그들은 말없이 구석에 앉아있는 내게 몇 살이냐고 물었고, 나는 이제 곧 입대를 앞둔 스물한 살이라고 답했다. 묻지도 않은 입대를 운운했던 걸 보면, 그 당시 나를 사로잡았던 명제는 단연코 군대였다. 그들 눈엔 내가 얼마나 딱해 보였을까. 개중엔 '요즘 군대는 군대도 아니다'라며 얄궂은 소리를 하는 사람도 있었지만, 대부분 '한창 더울 때 입대해서 힘들겠다.' '다치지 않고 전역하는 게 최고야.' '국토종주도 하는 데 군대 별 거 없다.' 하며 위로를 건넸다. 그들은 각자의 군 생활을 털어 놓으며 응원의 말을 해주었다. 나는 가만히 그들의 응원과 술을 꿀꺽꿀꺽 받아 마셨다.

숙소로 돌아오는 길, 맥주를 더 사서 먹자는 그들. 종주의 마지막 밤을 즐겨야 한다며 방에 둥글게 모여 앉아 맥주를 마셨다. 지극히 평범해 보이는 사람들인데, 군대에서 2년에 가까운 시간을 보내고 나왔다는 사실만으로도 더없이 대단해 보였다. 훗날 어딘가에서 지금의 나와 같은 상황에 놓인 친구를 만나게 된다면, 술 한 잔과 함께 작은 위로의 한 마디를 내어주고 싶단 생각이 들었다. 그리고 이들처럼 전역 후에도 자전거를 타고 다시 한번 종주 길에 오르겠다는 뜻을 품었다. 그날 나는 단지 어리다는 이유만으로 밥과 술을 모두 얻어먹었다.

마지막 날 부산으로 향하는 길, 일곱 명이 함께 출발했다. 목적지 낙동강 하굿둑 인증센터에는 체력이 따라주는 사람들 순서대로 도착했다. 마지막 한 명이 도착할 때까지 기다렸다. 다들 고생했다며 인사를 나누고 각자 부산에서의 일정을 찾아 떠났다. 부산에 한 번도 가보지 않았던 우리는 부산에 도착하면 돼지국밥도 먹고, 수변공원에 앉아 회에 소주 한잔 하자며 약속했었는데……. 아쉬움을 남긴 채 부산에 도착한 밤, 기차를 타고 수원으로 올라왔다. 군 입대를 앞두고 비장한 다짐으로 다녀온 첫 번째 자전거 국토종주는 이렇게 마무리되었다. 동네로 돌아와 친구들을 만났을 때 "이 녀석, 독한 놈"이라는 말을 듣자 내심 기분이 좋아졌다. 그간의 고생에 대한 일종의 포상으로 느껴졌다.

바람에게 히치하이킹을

라이딩을 할 때면 잡념이 사라져서 좋다. 수원에서의 고민을 여행지까지 데리고 갈 수 없어 좋다. 생각의 속도는 너무나도 빨라서 느리게 페달을 밟는 시간을 기다리지 못한다. 그때만큼은 분주한 생각들이 머릿속에서 맴돌지 않는다. 순댓국을 비워낸지 두 시간만에 배가 고프고, 발가락 끝이 아프고, 매서운 역풍에 팔다리가 추울 뿐이다. 잠시 원시의 시대로 돌아가는 이 기분이 좋다. 단순하고 보통의 생각들만 가득 차는 순간. 잡생각보다 밥 생각이 우선인 순간. 두 다리로 자전거 페달을 밟지 않으면 절대 도착하지 못할 그곳을 향해, 아무도 보이지 않는 지평선을 향해 나아가는 것. 인생은 라이딩, 라이딩은 인생. 자전거를 많이 탔지만 탈 때마다 힘이 들고, 탈 때마다 새로운 풍경들이 눈에 들어오는 것은 인생 또한 그렇기 때문이다. 우리는 언제나 처음인 상황들을 맞이하고 그 상황들은 매번 새롭게 다가오니까.

졸업 후 반년을 꼬박 쉬었다. 스스로가 허락한 6개월간의 휴식에 마침표를 찍어야 했다. 그 마침표는 역시 여행이었고 그 여행으로는 자전거 여행이 좋겠다고 생각했다. 인생의 기로 앞에서 끈기라는 녀석에 영양분을 넣어줄 여행은 자전거를 타고 떠나는 여행이 어울릴 것 같다는 판단에서다. 처음과 두 번째 사이, 나는 종종 자전거 여행을 떠났다. 두꺼워진 허벅지만큼이나 부푼 마음을 안고서 국토종주를 준비했다. 바람에 몸을 맡긴 채 한계에 도전하는 기분을 다시금 느껴 보기로 했다.

이번 종주는 Y와 함께 떠났다. 코스는 5년 전과 같았다. 시기도 7월 초로 비슷했다. 시간이 지나 희미해졌어도 이미 한 번 경험한 길은 어렴풋이 머릿속에 남아있었다. 혼자서는 고독한 여정임을 알기에 이번에는 꼭 둘이 함께 부산에 도착하고 싶었다. 그래서 이미 종주에 성공한 듯이 부산으로 도착하는 과정을 즐겨보기로 했다. 이미 도착한 듯이 길의 온기를, 감정의 변화를 하나하나 느껴보고자 했다. 5일 뒤 우리는 부산에 있을 것이라는 담담한 마음가짐으로 떠나서일까, 그 사이 체력이 길러진 걸까, 종주는 생각보다 힘들지 않았다. 물론 국토의 혈맥, 국토 종주의 꽃 백두대간의 이화령을 넘을 때면 숨이 벅차 왔지만 한 번도 쉬지 않고 5킬로미터 업힐을 올랐다는 것만으로도 그동안의 성장을 느낄 수 있었다.

평화로운 나흘이었고 양산으로 향하는 여행의 마지막 날이었다. 샛길로 빠져나가면 목적지에 곧 다다르는데, 그 순간 친구의 자전거 바퀴가 터졌다. 공터로 자전거를 끌고 와 챙겨온 장비들로 터진 타이어를 손써보려 했지만 마음처럼 쉽지 않았다. 몇 년 전에 사두었던 본드는 굳어있었고 자전거 바퀴가 한 번도 터져본 적 없는 나의 미흡한 대처 능력으로 인해 장비는 무용지물이었다. 결국 시내로 넘어가 수리받아야 했는데 이 허허벌판에서 시내까지 어떻게 넘어가야 할지도, 과연 시내에 자전거 수리점이 있을지도 미지수였다. 때는 이미 산길을 넘어오며 어스름이 내려앉고 있었다.

난감한 상황이 찾아왔지만, 그래도 자전거를 세워 일어났다. 길 위에서 밤을 맞이할 순 없었다. 자전거가 멀쩡했던 나는 시내로 먼저 이동해 수리점과 숙소를 알아보기로 했다. 친구는 울며 겨자 먹기로 지나가는 트럭에 히치하이크를 시도했다. 설마 여기서 멈추는 차가 있겠어, 하며 열심히 손을 휘젓는 친구를 뒤로하고 자전거에 올라탔다. 얼마 지나지 않아 친구에게 전화가 왔다. 용달 트럭 한 대가 멈춰서서 창문을 내렸고, 고개를 내미는 아저씨에게 상황을 설명해 드리자 흔쾌히 자전거를 싣고 근처 카센터로 데려다주겠다는 것이었다. 자전거를 돌려 트럭이 세워진 곳으로 갔다. 알고 보니 아저씨 사무실 바로 옆이 자동차 정비소였고, 그곳에선 종종 터진 자전거 타이어를 수리해 주기도 했다는 것. 친구는 조수석에, 나는 자전거

두 대와 함께 트럭 짐칸에 올라탔다. 시원한 바람을 맞으며 무전 승차를 즐겼다.

    이방인 두 명과 바퀴 터진 자전거를 데려온 아저씨에게 수리공은 무슨 일이냐고 물었다. 자전거 여행 중에 바퀴가 터졌다길래 그냥 지나칠 수가 없었다며 어서 타이어를 수리해달라고 대신 부탁해주었다. 수리공은 임시방편이라고 했지만, 숙달된 솜씨로 고무 타이어를 분리했다. 물이 든 대야에 고무 바퀴를 넣고 바람이 새는 곳을 찾아 터진 곳을 훌륭하게 메꾸어주었다. 수리비를 지불하려고 하자 극구 손사래를 치며 돈을 받지 않겠다는 사장님. 변변찮은 사례마저 거절하시고는 부산까지 조심히 내려가라며 꽁꽁 언 생수 두 통을 챙겨준다. 길가에서 우연히 만난 사람들은 어쩜 이렇게도 친절한지. 트럭 아저씨는 어쩌다 그 시간에 그곳을 지나가고 있었는지. 그의 사무실은 왜 정비소 옆에 있던 건지 알다가도 모를 일이다.

    덕분에 무사히 마지막 날의 일정을 마칠 수 있었던 우리. 늦게나마 숙소를 찾았고 다음 날 점심, 낙동강 하굿둑에 도착할 수 있었다. 그렇다. 세상사는 혼자 살아가는 게 아니었다. 누군가의 도움 없이는 스스로가 정했던 목표에 다가갈 수 없다는 것을 깨달았다. 혼자서는 외로웠을 부산까지의 여정, 친구와 함께하여 무탈하게 도착할 수 있었다. 둘이서는 허덕였을 난관에 도움을 주시는 누군가가 나타났다. 누구든지 밟을 수 있지만 쉽게 이겨내지 못하는 길 위에서 힘에 부칠 때면 바람에게 히치하이킹을, 외로울 때면 길가의 갈대에게 하이파이브를 했다. 목이 마를 때면 이따금 보이는 정겨운 슈퍼에 들어가 식혜를 한 모금 한다던가, 처음 보는 동네의 읍사무소에 들어가 물을 구걸하였고, 그들이 당연하단 듯 건네주는 찬물에 갈증을 해소했다. 사람에 대한 갈증마저도.

두 번째 국토 종주가 끝이 났다. 상반기를 마무리하는 여행을 끝냈다. 인천에서 부산, 자전거를 타고 달렸다. 입대를 앞두고 떠났던 5년 전처럼, 무언가 큰일을 앞두고 나는 또 두 발로 길을 나섰다. 그 시간을 견뎌낸 후의 나는 건강히 제대를 할 수 있었고 소중한 경험을 하게 되었음을 기억하며. 올해 초, 취업이라는 짐을 잠시 내려놓고 여행과 책을 가까이하며 지냈다. 자전거 여행에 앞서 가장 유념한 부분은 가볍게 짐을 챙기는 것이었다. 종주 도중에 어깨에 무리가 가지 않도록, 꾸준히 속력을 낼 수 있도록. 올해 상반기에 내가 다녀온 도시와 읽은 책들은 아마 이러한 준비 단계와 비슷하지 않았을까. 이제 새롭게 취업 준비에 들어서게 된다. 그 기간 동안 지치지 않고 꾸준히 달려가기 위해 나 자신을 가볍게 만든 시간을 필요했던 것이다.

출간을 준비하는 요즈음 자전거 여행이 그리워지는 것은 무더운 여름이 다가와서도 있지만, 누군가의 도움 없이는 쉽사리 이루지 못했을 도전들이 떠올라서다. 책을 읽으며 자기만의 공간, 자기만의 생각, 자기만의 연필을 가지는 게 얼마나 중요한지 깨달았다면, 책을 만들면서 마음 맞는 이들과의 의기투합이 얼마나 소중한지 알아가고 있다.

이기적인 대화

친구와 이기적인 대화를 나누던 밤, 예약해놓았던 기차표를 찢었다. 오늘 밤의 한 시간을 위해 내일의 피곤함을 희생하겠다는 의지. 찢어낸 한 시간에 비워낸 술잔은 고작 두 잔에 불과했지만, 그 두 잔에 녹여낸 대화가 나를 걸쭉하게 만들었다. 농도 짙은 술잔을 털어내고 집어낸 안주는 회였고, 친구는 회가 내게 회會인가 하며 의미심장한 말을 건넸다. 생선회를 먹을 때마다 새로운 인연과의 모임이 생기는 듯 하다고 했다. 풀어놓은 시계에서도 시간은 흘렀으니 우리의 만남은 마지막 기차 시간으로 마무리되었다. 다음 날 아침, 지끈거리는 머리는 어젯밤에 나누었던 이야기를 잊어버리기 아쉬워하는 발버둥이지 않을까. 갯벌처럼 농도 짙은 대화에 빠진 생각이 밤새 허우적거린 것은 아닐까.

산을 보러 왔는데
삶을 보고 가네

사색을 즐기지 않는다. 매일 새벽 사색을 당하는 편이다. 모든 고민은 고독에서 파생되었다.

고독이 외롭다고 하지만 사실 고독은 외롭지 않다. 고독을 바라보는 시선이 외로울 뿐이다. 자신만의 고독을 쌓아가야 한다. 하나하나 쌓아가다 보면 외로운 시선에도 꿈쩍 않는 고독 한 축을 만들 수 있다. 고독 한 축이 삶의 한 축을 지탱할 때, 비로소 우리는 고독을 즐길 수 있다. 그 축을 쌓아 올리는 것을 도와주는 사람이 있을지라도, 결국 오래도록 지탱해야 하는 사람은 오롯이 자신뿐이라는 사실을 안나푸르나 능선을 걸으며 깨닫게 되었다. 우리는 결국 고독 속으로 한 걸음 한 걸음 나아가야 하는 존재였다.

아래는 안나푸르나 어라운드 트레킹을 하며 매일 밤 아이폰 메모장에 적어낸 트레킹 일지이다.

햇살마저 허락을 맡아야 하는 곳

1일차

카트만두(Kathmandu)다. 공항 주변이 민가로 가득하다. 비자를 발급받고 수속 절차를 밟는다. 가이드와 포터를 만나 네팔 시내를 거닌다. 어수선하면서도 평화로운 분위기. 가이드의 안내를 받아 함께 택시를 탄다. 도로는 차선이 있으나 마나, 차량이 너 나 할 것 없이 중앙선을 넘나든다. 역주행하는 오토바이가 차들 사이로 끼어든다. 흙길 위로 먼지가 인다. 자전거를 탄 청년은 마스크를 쓰고 있다.

울퉁불퉁한 길을 뚫고 온 택시. 몇천 루피를 예상했으나 고작 700루피란다. 의외의 횡재, 생각보다 더 저렴한 네팔 물가이다. 가이드의 도움으로 숙소 근처 통신사에서 스마트폰 유심을 구매한다. 다음 날 약속을 기약하고 호텔에 묵는다. 호텔 1층 식당에서 저녁을 해결한다. 커리와 모모(Momo, 네팔 전통 만두 요리)를 먹는다. 한국에서 먹어본 네팔 음식보다 향이 강하다.

화장실 창문은 깨져있고 찬물만 나온다. 마지막 목욕이 될 수도 있다는 생각에 추위를 참고 꼼꼼히 씻는다. 호텔 생수를 전기포트에 붓는다. 커피 믹스를 뜯고 잔잔한 노래를 튼다. 네팔의 첫날밤은 강렬하고 퀴퀴하고 춥다. 그럼에도 아늑하다.

2일차

카트만두에서 참제(Chyamche)까지 마이크로버스를 타고 이동한다. 남은 달러를 루피로 환전하고 버스 터미널로 향한다. 가이드는 멀미약을 먹겠냐고 묻는다. 괜찮다는 말을 건네고 버스에 올라탄다. 스무 명 이상이 다닥다닥 붙어 있어 공간이 비좁다. 비포장도로를 무자비하게 달린다. 오늘은 종일 차를 타야 한다. 버스 맨 뒤 창가 자리에 앉아 밖을 살핀다. 네팔 사람들은 원색을 좋아하는 것 같다. 자동차를 장식하는 건 운전자들의 주된 취미로 보인다. 작은 트럭부터 큰 버스까지 운전석 앞을 원색으로 치장한 무늬들이 보인다. 저마다의 개성이 엿보인다. 때론 경쟁처럼 느껴진다. 버스에서 노래가 흘러나온다. 네팔 음악이 꽤 흥겹다. 비포장도로에 들썩이는 엉덩이가 노래 리듬에 맞춘 몸짓이 된다.

휴식 시간이다. 닭볶음탕 비슷한 음식에 밥을 비벼 먹는다. 다들 숟가락이 아닌 손으로 먹는다. 여행 도중 한 번쯤은 손으로 밥을 먹어봐야겠다.

또다시 버스에 몸을 맡긴다. 노래는 멈췄고 잠은 오지 않는다. 멍하니 창밖을 바라본다. 시선 너머로 산이 보인다. 가까이로는 노란 유채꽃과 청록빛 강이 스친다. 어느 집 마당엔 이불 빨래가 널려있고 신발은 나뭇가지에 꽂혀있다. 소가죽을 자르는 모습도 보인다. 살갗은 누렇고 피는 벌겋다. 버스 안 공기가 탁하다. 문을 열고 싶어도 흙먼지가 심해 엄두조차 낼 수 없다. 옆을 보니 가이드는 두 손을 모은 채 멍하니 앉아있다. 포터는 꾸벅꾸벅 졸고 있고, 친구는 장시간 이동에 괴로워한다. 앞자리의 아이는 멀미에 울음을 터트리고 토를 한다. 어머니는 능숙하게 비닐봉지로 토사물을 받는다. 지체 없이 봉지를 묶어 창밖에 내던진다. 앳된 검표원은 달리는 버스 안에서 여기저기 잘 옮겨 다닌다.

3일차

본격적인 트레킹 첫날이다. 아침 일찍 일어나 토스트에 휜

우유를 먹는다. 무리하지 말고 천천히 가자는 가이드의 말에 느긋하게 첫발을 내디딘다. 작은 고개를 넘자 웅장한 대자연이 모습을 드러낸다. 산이 내뿜는 위엄에 주눅이 든다. 포터에게 산 이름을 묻자 산이 아니고 그저 언덕이라고 한다. 가까운 봉우리는 숲으로 덮여 있고 그 뒤의 산은 황폐한 흙산이다. 저 멀리 보이는 산맥만이 하얀 설산이다. 트레킹 시작 날인데 이미 고도는 2,200미터. 우리나라에서 가장 높다는 한라산이 해발 2,000미터가 채 안 되니, 지금부터 내딛는 길이 곧 인생에서 가장 높은 곳이다.

탈(Tal)에 도착하여 점심을 먹는다. 손으로 식사를 시도한다. 참치볶음밥을 오른손으로 주섬주섬 담아 먹는다. 밥알을 한 톨 한 톨 꾹꾹 눌러 입으로 가져온다. 다시 걷기 시작. 개울가를 지나 흔들다리를 건넌다. 에메랄드빛 강 위를 아찔하게 넘어간다. 고운 모랫길과 거친 흙길을 번갈아 지나간다. 닭, 염소, 소, 당나귀, 조랑말과 동행하는 길이다. 자연과 동화되는 기분이 들다가도 경외감이 생기는 안나푸르나. 일지를 쓰는데 졸음이 밀려온다. 트레킹을 시작한 날이라 피곤한가 보다. 신성한 네팔에서 자연의 섭리를 거스르는 건 있을 수 없는 일이기에 졸린 눈을 참지 않고 감는다.

4일차

어제는 완만한 길을 걸었지만, 오늘은 가파른 산길과 계단 길이 많다. 휴식을 자주 취한다. 힘든 몸을 나무에 기대어 주변을 둘러본다. 안나푸르나는 양지와 음지가 공존한다. 서로 다른 두 선이 꼭짓점에서 만나는 것처럼 세상의 이분법이 세상의 지붕으로 모인다. 햇빛은 안나푸르나 2봉의 뾰족한 산봉우리를 따라 빛나고 있다. 햇살마저 이곳을 비추려면 산에게 허락을 맡아야 한다.

차메(Chame)에 도착했는데 이마가 띵하다. 목덜미가 굳는다. 저녁 일곱 시에 누워 휴식을 취한다. 와이파이 대신 내 머리가 터지려고 하나 보다. 오늘은 일찍이 잠을 청한다.

5일차

산행을 시작하기 전, 경유지 중국 쿤밍(Kunming)에서 사 온 감기약을 먹었더니 괜찮아졌다. 침낭 안에 핫팩과 뜨거운 물통을 넣고 잔 것도 한몫한 듯하다. 고산병 증세가 아니어서

다행이다. 가이드는 추운 날씨에 찬물로 샤워를 해서 그렇다고 한다. 아침으로 감기 기운에 좋다는 갈릭 수프를 먹는다. 몸과 마음을 추스르고 출발한다. 가는 길에 약국을 들러 고산병 약을 구매한다. 상점 앞 나무에 아이들이 매달려 놀고 있다. 나를 보고 순박하게 웃는다. 외지인이 낯설지 않은 모양이다. 아이들에게 초콜릿을 나누어준다. 두어 개씩 고사리 같은 손에 쥐여 준다. 가지고 있던 초콜릿을 모두 내어준다. 아이들과 내 얼굴에 행복한 웃음이 번진다. 평소에 선뜻 하지 못했던 행동이 여행을 떠나왔다는 이유만으로 자연스러워진다.

아침으로 갈릭 수프만 먹어서인지 얼마 가지 않아 힘에 부친다. 티타임을 가진다. 히말라야 산 사과 두 알과 함께 커피 한 잔을 마신다. 다시 길을 걷는다. 로우 피상(Low Pisang)에 도착해 처음으로 화장실이 딸린 방을 얻지만, 불이 들어오지 않는다. 저물어가는 햇빛에 의지하여 세수를 한다. 끓인 물 한 대야를 가져와 몸을 씻는다. 한국에 돌아가면 따뜻한 물을 당연시하며 사용할 텐데, 여기서 이 정도 고생은 잠시뿐이리라. 돌아가면 춥다고 투정 부리지 않을 테다!

자연은 쉽지 않다. 등에 따가운 햇살이 비치면 금방 땀이 나지만, 그늘에 들어서는 순간 온몸이 서늘해진다. 네팔의 하늘은 설산으로, 설산은 폭포로, 폭포는 강으로, 강은 나에게로 흘러 들어온다. 폭포마저 얼어버리는 음지의 안나푸르나가 가끔 무섭다. 개미가 되어버린 기분이다. 작은 존재가 되어 작은 발걸음을 내디딘다.

마을을 지날 때면 룽타(Lungta, 바람의 말馬이라는 뜻을 가진 오색 깃발)이 자주 보인다. 운동회가 열리는 초등학교 운동장 풍경이 떠오른다. 깃발 색은 파랑, 하양, 빨강, 초록, 노랑… 개인적인 추측으로는 파란색은 하늘이자 구름, 흰색은 눈이자 물, 빨간색은 태양이자 온기, 초록색은 나무이자 숲, 노란색은 땅이자 흙이다. 오색의 기운이 깃든 대지를 하루하루 걸을 때마다 예측 불가능한 상황이 펼쳐진다. 어느 날은 몹시 춥고, 어느 날은 롯지(Lodge, 트레킹 하며 머무는 숙소)에 콘센트가 없고, 어느 날은 와이파이가 안 터지고, 어느 날은 아프다. 히말라야는 마치 삶의 축소판 같다.

6일차

한밤중에 눈을 뜬다. 핫팩이 손에 잡히지 않는다. 칠흑 같은 어둠 속에서 침낭 속을 뒤적거린다. 선잠에서 깨어나 스마트폰을 찾던 어제와는 다르다. 언제 추워질지 모른다는 불안에 잠을 계속 설친다. 결국 핫팩을 손에 쥐고 나서야 눈이 감긴다.

    채비를 마치고 갈릭 누들 수프를 먹는다. 오늘은 고도 적응기를 가질 마낭(Manang)으로 간다. 마낭 까지 거리는 멀지 않지만 실로 엄청난 흙길이다. 히말라야, 안나푸르나를 걷는다고 했을 때 이런 광경을 상상이나 했을까. 한국은 벌써 미세먼지가 심하다고 하는데, 지금 눈앞에 펼쳐진 흙길은 고비사막만큼이나 삭막하다. 높아진 고도에 좋지 못한 공기까지 겹쳐 넥워머를 코까지 덮은 마음 선글라스로 고정한 채 걷는다. 점점 안나푸르나의 봉우리에 가까워지고 있다. 트레킹 첫날에는 해가 산 중턱에 있어 음산한 기운이 풍겼다면 트레킹 나흘차가 되니 해가 산 위에 떠 있다. 마낭, 이곳은 해발고도 3,500미터이다.

    이틀 동안 고도 적응기를 가질 롯지에 짐을 푼다. 식당으로 올라가자 창문에 걸터앉은 사람이 보인다. 인사를 건넨다. 아버지뻘 되는 한국인이다. 매일 숙소에 도착해 창밖 풍경을 그린다고 한다. 자신을 화가라고 소개하곤 설산을 스케치한 노트를 보여 준다. 올가을엔 전시회를 열 예정이라며 온화한 표정으로 말한다. 많은 풍경과 큰 영감을 얻어 갔으면 하는 바람이다.

그렇다면 나는 무엇을 위해 여기에 왔을까. 어떤 영감을 얻기 위해 이 길을 걷고 있을까. 어쩌면 거창한 게 필요 없을지도 모른다. 관자놀이로 느끼는 두통, 눈으로 보는 어둠, 귀로 듣는 폭포, 코로 마시는 먼지, 피부로 느끼는 햇살, 혀로 맛보는 레모네이드 그리고 길 위를 수놓은 발끝의 감각. 히말라야에 다녀왔다는 사실만이 흐릿하게 남을 때까지, 지금 느끼고 있는 이 감정들을 삶에 녹여내는 것만으로도 충분하다는 생각이다. 가장 열혈이었던 시절, 가장 추운 곳을 걷던 발걸음을 기억한다.

저녁으로 야크 스테이크를 먹는다. 산행하며 먹은 음식 가운데 가장 비싸다. 1,000루피! 적당히 질긴 야크 고기가 퍽 괜찮다. 양배추 잎을 크게 잘라 바닥에 깔아놓은 게 신의 한 수. 양배추와 고기를 먹기 좋은 크기로 잘라 먹는다. 식사를 마치고 난로가 있는 쪽방에 둥글게 모여 앉는다. 장작이 귀한지 두 시간 이상 피우지 못할 양이다.

창 너머로 해가 저물고 있다. 땅거미가 내리는 안나푸르나 능선을 보며 생각에 잠긴다. 이제야 숨을 돌렸을까, 트레킹 나흘째 되던 날 처음으로 낙조를 마주한다. 주황은 언제나 마음을 일렁이게 한다. 이 무렵 햇살은 빨강을 보다 붉게, 파랑을 보다 푸르게, 초록을 보다 숲에 가까워지게 하는 힘을 지녔다. 은은한 석양을 바라보며 뜨거워진 마음 위로 아지랑이가 피어오른다. 주황을 닮은 사람을 생각하며 고도에 차차 적응한다.

7일차

숙취로 두통이 오듯 이마 양 끝이 저릿하다. 관자놀이를 만져보니 팽창된 커피 믹스 봉지처럼 핏줄이 땡땡하게 부풀어있다. 인간은 해발 3,000미터 이상 고지대에서부터 고산병 증세가 나타난다고 한다. 그래서 마낭에서 고도 적응기를 가지는군….

정오까지 자유시간이 주어진다(가이드 나름의 규칙이 있었다!). 고산병 약 반쪽을 먹고 휴식을 취한다. 친구는 근처 강가푸르나 호수(Gangapurna Lake)로 산책을 나갔다. 홀로 나무 침대에 누워 노래를 크게 튼다. 불성실한 와이파이 덕에 노래는 자꾸 끊기지만, 사색은 멈추지 않아 다행이다. 잊고 살던 노래 가사를 되뇔 수 있는 시간이다. 한때는 입에 달고 살던 가사가 새롭게 다가오는 것은 내가 낯선 공간에 놓여 있기 때문일까.

누구나 일상을 보내는 방법이 다르듯, 여기 모인 이들 또한 고도 적응기를 보내는 방법이 각자 다르다. 네팔인들은 삼삼오오 모여 노래를 부르고, 중년의 화가는 그림을 그리고, 젊은 이들은 대화를 나누고, 롯지 주인 누나는 거실 벽에 기대어 낮잠을 잔다. 나는 옥상으로 올라간다. 의자에 앉아 네팔을 마주한다.

펄럭이는 깃발, 삐걱대는 문, 흩날리는 먼지만이 이곳의 날씨를 대변한다. 옥상에 앉아 있자니 햇볕이 달게 다가온다. 정제하지 않는 각설탕처럼 두껍게 다가온다. 태양에 달궈지는 털모자만큼 몸도 마음도 뜨거워지는 순간. 그럼에도 저 멀리 녹지 않는 만년설처럼 냉철한 다짐을 품는다. 네팔에서 삶의 온도를 미세하게 조정한다.

그날 밤, 다시 한번 옥상을 찾는다. 장작 태우는 냄새와 겨울 내음이 코끝을 스친다. 하늘을 수놓은 별들이 만년설을 비춘다. 사진을 찍으려 해도 도무지 담을 수 없는 풍광들. 별이 내뿜는 빛을 카메라에 담기 위해선 장노출이 필요하다. 마음 한 켠에 추억을 담기 위해서도 삶에 오래도록 노출되는 수밖에 없다.

8일차

야크 카르카(Yak Kharka)로 가는 길은 처음부터 끝까지 오르막이다. 순식간에 고도 3,500미터에서 4,000미터까지 올라간다. 오늘 트레킹 코스는 짧다. 네 시간여만에 끝난 산행. 오후 두 시도 채 되지 않아 도착이다. 고도가 급격하게 높아지는 탓에 무리하지 않는다. 점심은 치즈 포테이토 버거를 먹는다. 감자는 후추 향이 세서 뺀다. 해가 저물기 전 춥지 않을 때 씻는다. 고도 적응기 이후로는 샤워가 금지됐다. 목욕하고 몸을 말리는 순간 체온이 빠르게 떨어지고, 체온이 떨어지면 고산병 증세가 쉽게 찾아오기 때문이다. 그렇게 오늘도 물티슈로 몸을 씻는다(닦는다). 한국에서 챙겨온 바디 클렌징 티슈가 유용하다. 머리는 샴푸 티슈로 기름기만 제거한다. 머리가 엉망진창이다. 근래 사진은 모두 뒷모습이다.

점심을 먹은 지 얼마 되지 않아 저녁을 먹는다. 네팔식 라면으로 고춧가루 비슷한 향신료를 넣어 꽤나 한국 라면 맛이 난다. 면을 몇 가닥 먹고 젓가락을 내려놓는다. 여전히 머리가 지끈하고 입맛이 도통 없다. 마당으로 나간다. 어스름이 빠르게 내려앉는 야크 카르카. 노을진 하늘을 멍하니 바라보다 여행의 명장면을 목격한다. 움푹 패인 산맥 끝자락에 초승달이 걸려있다. 가방에서 필름 카메라를 꺼내와 급하게 셔터를 누른다. 일 분도 안되는 사이 달은 산 뒤로 모습을 감춘다. 달을 먹어 삼킨 산허리처럼 불안에 휩싸여 손톱을 씹어 삼킨다.

9일차

새벽 두 시에 깬다. 머리가 아프다. 간신히 잠을 청한다. 다시 네 시에 깬다. 머리가 너무 아프다.

한참을 뒤척이다 머리맡에 챙겨두었던 고산병 약 반쪽을 어둠 속에서 찾아 먹는다.

아침에 일어났는데 괜찮다. 대충 끼니를 때우고 쏘롱 라 베이스캠프(Thorong La Base Camp)로 향한다.

오후 한 시, 고도 4,500미터에 위치한 베이스캠프에 도착한다.

어제보다 덜 걷고 더 일찍 도착했지만, 불안감은 증폭된다. 어젯밤부터 와이파이는커녕 데이터 자체가 터지지 않는다.

고산병은 몸보다 정신력을 약하게 만든다.

10일차

    9일차 저녁 일곱 시 잠자리에 든다. 쏘롱 라 패스(Thorong La Pass)—안나푸르나 어라운드 트레킹의 전환점이자 최고점—에 정오까지 도착하기 위해 익일 새벽 세 시에 산행을 시작해야하기 때문이다. 며칠동안 지속적으로 머리가 조여온다. 어렵게 잠을 청했지만 열한 시에 깬다. 고산병 약 반쪽을 또 삼킨다. 자기 전 한 알을 통째로 먹었지만 증세는 여전하다. 마지막 하루를 남겨두고 다시 마낭으로 내려가야 하나 진지하게 고민한다. 지끈거리는 머리에 추위까지 겹쳐 포기라는 단어가 떠오른다. 그러다 다시 잠에 든다. 정신을 차려보니 새벽 두 시 반, 아픔에 취해 잠에 든 게 얼마나 행복했는지.

    출발 전 따끈한 죽을 한 그릇 먹는다. 반도 못 먹고 출발한다. 어두운 오르막을 털모자 위에 감싼 랜턴에 의지해 나아간다. 고개를 돌리면 작은 불빛과 함께 시야가 움직인다. 야간 행군을 하던 훈련병 시절처럼 앞 사람의 뒤꿈치만 응시하며 발을 내디딘다. 어제까지 멀쩡하던 가이드에게 갑자기 고산병이 찾아왔다. 초대받지 못한 손님이 폐장 직전 찾아온 것이다. 전환점에 이르기 전 마지막 롯지인 쏘롱 라 하이캠프(Thorong La High Camp)에서 그는 잠시 쉬었다 올라오기로 한다. 다행히도 짐을 나누어 들던 포터가 가이드 자격증을 가지고 있어 그를 따라 다시 걷기 시작한다.

가파른 산길에 좁아지는 등고선처럼 가슴이 서서히 아주 좁게 옥죄어 온다. 동이 튼다. 피어오른 해를 등지고 걷는다. 힘이 부치면 경사로에서 배낭을 멘 채로 누워서 쉰다. 포터는 곧 정상이라는 말로 희망을 심어준다. 내가 지금 도달할 수 있는 끝, 해발고도 5,416미터. 연다른 오르막에 다리마저 말썽이다. 걷다가 쉬어가기를 반복한다. 저 멀리로 형형색색의 천과 깃발이 보인다. 룽타다! 사막 한가운데서 윤슬을 발견했다면 이런 기분일까. 오아시스가 눈에 고여 든다. 열흘간의 고생이 생각났는지, 아픔의 서러움인지, 도착의 안도감인지, 한국에 두고 온 미안함인지… 복합적인 눈물이 한 방울 길게 볼을 타고 흐른다. 가방을 벗어 던지고 서로를 끌어안는다. 세상의 지붕에 한 발 가까워진 기분을 만끽한다.

기쁨은 언제나 찰나일까. 진짜 문제는 지금부터다. 전환점을 돌아 반대편으로 내려가는데, 고산병 증세가 더욱 심해진다. 4,500미터에서 5,400미터. 다시 3,500미터로 급격하게 바뀐 환경 탓이다. 무거운 가방을 메고 종종걸음으로 가파른 내리막을 빠르게 내려간다. 속이 매스껍다. 구토가 올라온다. 울렁거림을 참다못해 모든 걸 게워낸다. 액체만 나온다. 사흘 동안 먹은 것이라곤 미음, 수프, 죽과 물이 전부이니 그럴 만도 하다. 중간에 들린 식당에서 콜라를 주문한다. 한 모금 들이켜자마자 속이 뒤집어진다. 콜라마저 역류한다. 아무것도 먹을 수가 없다. 겁이 난다. 그렇게 길을 나선 지 꼬박 열네 시간여 만에 묵티나크(Muktinath)에 도착한다. 일단 한숨 자야겠다.

천국의 문을 두드리고 있다

열흘간의 산행이 끝났다. 일정이 마무리된 것은 아니지만 묵티나크에서부터는 평범한 일상을 기대할 수 있었다. 하행 이틀 차에는 버스를 타고 타토파니(Tatopani)로 내려왔고 그곳에서 노천을 즐겼다. 더운물이 걱정없이 나오는 숙소 화장실을 이용했다. 팽팽하던 이마의 혈관은 진정을 되찾았다. 그러나 네팔에서 평범을 바라는 건 큰 오산이었다.

타토파니에서 포카라(Pokhara)로 가는 날이었다. 2,000루피를 지불하고 포카라행 대형 버스를 탔다. 첫날 탔던 마이크로 버스처럼 열악한 승차감이었지만, 시내로 내려가 휴식을 취할 생각에 불편한 자세는 괘념치 않기로 했다. 내 마음을 아는지 모르는지 버스는 일방통행 산길을 빠르게 내려갔다. 아슬아슬하게 절벽을 지나갈 때면 덜컹거리는 버스 안이 부산스러워졌다. 버스를 급하게 모는 건가 싶었는데 속도는 점점 더 빨라졌다. 속도가 멈추지 않아 승객들이 웅성거렸다. 우리가 탄 버스는 앞차의 백미러를 부수며 앞으로 돌진했다. 쿵- 그대로 암벽을 들이박았다.

대체 이게 무슨 일인가. 혼비백산이 된 승객들은 일제히 버스에서 내렸다. 연기가 피어오르는 버스 짐칸에서 배낭을 꺼냈다. 알고 보니 버스의 브레이크가 고장났고, 사고 현장의 왼쪽은 암벽 오른쪽은 절벽이었다. 때문에 기사는 낭떠러지 아래로 떨어지지 않기 위해 앞차를 박으면서까지 암벽을 들이받을 수 밖에 없던 것이다. 다행히 크게 다친 사람은 없어 보였지만 버스비는 돌려받지 못했다.

우리는 일종의 택시를 불러 버스 터미널이 있는 베니(Beni)로 향했다. 가격은 2,500루피. 산길을 내려가는데 포클레인이 낙석을 치우고 있다. 공사 현장에서 다시 한 번 묶인 발, 그대로 꼼짝없이 한 시간을 택시 안에서 기다렸다. 이러한 변수들이 많아서인지, 여행 일정에 하루 이틀 정도 여유를 두라고 하는구나 싶었다.

체증이 풀리고 차가 출발하려던 찰나 앞차가 (또!)멈췄다. 한 승객이 심장마비가 왔다는 것. 사람 목숨이 이렇게도 쉬웠던가. 연달아 터지는 사건 사고에 머리가 멍해졌다. 계속된 교통 체증에 멀미까지 심해져 이내 눈을 감았다.

    우여곡절 끝에 포카라에 도착했다. 동고동락한 가이드와 포터는 양념 통닭이 먹고 싶다고 했다. 시내에 맛있는 한국 식당이 있다며 우리를 그곳으로 데려갔다. 맛있게 치킨에 맥주를 먹는 동료들과 달리 나는 몇 조각 먹지 못했다. 숙소를 잡고 저녁에 삼겹살을 먹으러 나왔는데, 역시 몇 점 먹지 못했다. 보기 좋게 익어가는 삼겹살을 앞에 두고 먹지 못하는 기분이란. 고산병 후유증으로 속이 뒤집혀 있던 나로서는 기름진 음식을 먹기엔 아직 무리였다. 소화제를 한 알 먹고 오늘도 일찍 잠을 청했다.

    다음 날 아침, 식사를 해결하기 위해 포카라 시내를 돌아다녔다. 카트만두와 달리 흙먼지가 없어 아침 공기가 상쾌했다. 푸릇푸릇한 정원이 딸린 빵집으로 들어갔다. 인상 좋은 종업원에게 빵과 음료를 주문하고 야외 테이블에 앉았다. 가볍게 식사를 마치고 숙소로 돌아와 한참을 늘어지게 잠을 잤다. 열한 시쯤 잠에서 깨어 빨랫감을 햇빛이 잘드는 발코니로 옮겼다. 발코니에 비추는 따사한 햇살은 고단했던 지난 며칠을 위로해주는 듯 했다. 선베드에 누워 빨래와 함께 잠시 햇볕을 느껐다. 밤사이 속은 진정됐고 햇살은 따스했다.

귀국 이틀 전 공항이 있는 카트만두로 넘어와야 했다. 포카라에서 카트만두까지 버스를 타고 왔다. 우리나라 우등버스와 비슷한 네팔의 프리미엄 버스. 일곱 시간을 예상했는데 열 시간 가까이 소요됐다. 거리는 멀지 않았으나 도로 사정이 좋지 않아 지연되었다. 대지진의 영향인지, 원래 이런 곳인지, 카트만두가 네팔의 수도라는 것이 믿기지 않을 만큼 길거리가 전체적으로 어두침침했다. 양지와 음지가 공존하는 안나푸르나처럼 카트만두는 생과 사가 밀접한 관계를 맺고 있는 것 같아 보여 슬펐다. 길가에는 큰 돌덩이와 모래더미로 가득했고, 오토바이로 인해 교통은 마비되어 인도와 차도는 구분이 되지 않았다.

마지막으로 묵게 된 카트만두의 타멜(Thamel) 거리의 숙소는 깔끔했다. 시내 중심부에 위치하여 필요물품을 쉽게 구할 수 있었다. 숙소 근처의 한식당 '축제(Festival)'를 찾았다. 포카라에서 먹지 못했던 삼겹살이 자꾸만 눈에 아른거렸기 때문이다. 사장님은 한국말이 능숙했고 이전에 찾은 식당보다 고기 질도 좋았다. 이왕이면 다홍치마라고 평소에 마시지 않던 빨간 소주―소주가 비싸기도 비쌌다―를 마시며 빠르게 달아오르는 취기를 즐겼다.

식당을 나와 얼근하게 취한 채로 이곳 저곳을 돌아다녔고, 종업원과 한바탕 흥정하며 캐시미어 니트와 목도리를 샀다. 밤에는 루프탑이 있는 펍으로 향했고 밴드 연주를 들으며 맥주잔을 기울였다. 밥 딜런의 〈Knockin' On Heaven's Door〉가 나올 땐 반복되는 후렴구를 열창하는 보컬을 따라 노래를 흥얼거렸다. 흥이 올라 춤추는 외국인들을 바라보며, 생소한 바깥 풍경을 내려다보며 생맥주를 들이켰다. 네팔에 도착하여 처음으로 심신이 모두 안정된 밤을 보내고 있던 것이다. 그래, 나는 지금 천국의 문을 두드리고 있다.

트레킹 일정을 모두 마치고 귀국했다. 얼얼하던 귀가 녹아내리듯 봄이 찾아왔고 마지막 학년의 일 학기가 개강했다. 개강 후 얼마 지나지 않아 교내 홍보처에서 인터뷰를 요청해왔다. 안나푸르나를 다녀왔다는 소식에 트레킹 하며 느낀 감정들을 이야기 나누어보고 싶다는 것이었다.

만나 뵙게 된 인터뷰어께서 물으셨다, 왜 히말라야에 갔느냐고. 어느새 대학생 4학년이 돼버린 지금, 졸업을 앞둔 올해, 이때가 아니면 안 될 것 같았다고 대답했다. 이어지는 답변은 이러했다.

"거창하게 말하면 도전이라는 단어를 사용할 수 있었겠지만, 네팔로 떠날 당시만 하더라도 그만큼 큰 사명감은 없었어요. 그저 걷고 싶었고 몸을 힘들게 하고 싶었을 뿐이죠. 그래서 무척 힘들었어요. 육체적으로도 정신적으로도. 새벽에 깨어나 고통을 참으며 칠흑 같은 어둠 속에서 고산병 알약을 찾아 억지로 삼키곤 했어요. 새벽에 길을 나서 정오가 다 돼서야 정상 고지에 도착했고 다시금 2,000미터를 내려갔죠. 하산하는 동안에는 다시 고산병이 찾아와 토를 거듭했고 사흘간 아무것도 먹지 못했어요. 몸을 힘들게 하고 싶다는 소망을 이뤘죠. 트레킹을 끝내고 포카라, 카트만두 시내로 돌아와서는 그저 평화로움을 즐겼어요. 가볍게 산책하고 따사로운 네팔의 햇살을 느꼈죠. 그렇게 저는 잠시 동안 천국의 문을 두드렸을 뿐이었죠."

인터뷰를 하면서 스스로 깨달았다. 네팔에 다녀와서 나 자신의 많은 부분이 확 바뀌었다고 단언할 순 없지만, 고독 속으로 한 걸음 나아가면서 내면이 한 뼘 정도 깊어졌다는 것을, 세상을 바라보는 방향이 반보 정도 달라졌다는 것을.

동행한 민주, 보름간 동고동락한 가이드 크리스와 포터 딘, 우리를 태워준 마이크로버스와 택시 기사님, 잠을 청했던 롯지 사장님, 우리의 배고픔을 해결해 준 네팔 누나와 형님, 서

투른 한국말로 우리를 호객 하던 네팔 상인, 산을 오르며 반갑게 인사를 나눈 수많은 트레커, 초콜릿 하나에도 천사 같은 미소를 지어주던 아이들. 이 모든 삶이 나에게 동화되었던 시간이었다. 그들은 내게 앞으로의 삶을 지탱해 줄 튼튼한 거치대를 선물해주었다.

    나태해질 때 즈음 힘든 시기를 생각하면 힘이 날까, 행복한 시기를 생각하면 힘이 날까. 다행히도 이 시기는 힘이 들면서도 행복한 순간이어서 이따금 생각하게 된다. 살아가며 두발이 힘겹게 밟아낸 땅이 있었음을! 산을 보러 왔는데 삶을 보고 가네.

외로움의
시를 쓰겠네

뮌헨으로 가는 길

하노버행 기차가 연착됐다. 기차는 멈췄지만, 심장은 가빠온다. 도통 모르겠는 독일어로 안내 방송이 흘러나오고 사람들은 불만을 토로한다. 승무원은 사람들을 모두 내보낸다. 영문도 모른 채 졸지에 자리를 잃는다. 뒤늦게 하노버에 도착하여 분주하게 뮌헨행 기차를 찾아 나선다. 다행히도 다음 기차를 타도 무방했지만 여전히 나는 자리를 잃었다.

혼자일 자신이 없다면

혼자일 자신이 없다면, 남겨질 용기가 없다면, 스스로를 보살필 수 없다면, 내 몸 하나 챙길 수 없다면, 누군가를 안아줄 수 없다.

모두가 나간 사이

 담배가 좋다. 친구들이 담배를 피우러 나간 시간이 좋다. 술자리에 혼자 남아 멍 때리는 시간이 좋다. 누군가 남겨둔 시간의 언저리가 좋다. 그 안에서 생각을 정리하는 여유가 좋다. 모두가 나간 사이 몰래 드는 소주 한 잔이 좋다. 한 템포 쉬는 흡연자가 있어도 좋다. 우르르 몰려나갔다 우르르 들어오는 발소리가 좋다.

받아들이고 때로는

 여행에 있어, 사건 하나하나에 연연하고 있는 스스로를 발견하게 되었다. 처음 보는 풍경, 다양한 인종, 색다른 음식, 신선한 맥주. 처음으로 마주하는 순간들에 의미를 부여하는 것은 바람직한 모습이었지만 오히려 순간순간에 집착하고 있던 것이다. 내 마음대로 여행이 진행되지 않자 작은 일에도 일희일비하고 있었다. 영국 정원에 가보지 않았던가. 낮게 물이 흐르고 있다. 그 위에 떨어진 나뭇잎은 그저 그 흐름에 자신을 맡기고 있다. 흐르다 제 몸이 나무에 걸리면 잠시 쉬었다 가고,

바람이 불면 다시금 빠르게 흘러가는 모습을 보지 않았던가.
받아들이고 때로는 놓아 주어도 좋을 텐데.

외로움의 시를 쓰겠네

기쁨의 시를 쓰지 않겠네

외로움의 시를 쓰겠네

감정이라는 것이

새벽 한 시를 가르칠 때

외로움의 시를 쓰겠네

멍하니 기차 창가 자리에 앉아

외로움의 시를 쓰겠네

불안전한 나를 위해

초라한 시를 쓰겠네

어느 단어와 단어의 조합으로

누군가의 마음에

자그마한 울림 하나 줄 수 있다면

나는 언제고

외로움의 시를 쓰겠네

나와 닮은 것들

위로를 받는다

북적이는 뒷모습에

텅 빈 마음의 거리에

아이의 웃음에

시계의 걸음에

턱을 괸 너의 얼굴에

경청하려는 노력에

시원한 발자취에

뜨거운 눈시울에

짜증 섞인 말투에

나와 닮은 것들에 나는

위로를 받는다

그러하기를

외로움을 피하기보다

외로움을 어르고
달랠 수 있기를

행복을 탐하기보다
고통을 부디
잘 느낄 수 있기를

해 질 녘 탄식보다
새벽의 서리를
견뎌낼 수 있기를

눈물을 삼키기보다
흐르는 눈물로
바다를 만들어내기를

잔에 술을 채우기보다
삶에 술術을
채울 수 있기를

나를 보거든

눈물 흘리는 사람을 보거든 슬프냐 묻지 마라. 한때는 행복이었던, 한때는 사랑이었던 방울이다.

눈물 참고 있는 사람을 보거든 차갑다 하지 마라. 붉어진 눈시울에 담긴 우물은 무엇보다 들끓고 있다.

고독을
배우기에는 산이 좋다

 그렇다. 고독을 배우기에는 산이 좋다. 외로움을 알기에는 바다가 좋다. 고독을 배우고 싶기에 히말라야로 향한다. 산이 알려주는 고독을 배우기 위해.

 태양과 가장 근접한 녹지 않는 눈에 대해 생각한다. 아마도 고독이다. 독하디 독한 고독이다. 녹아버리면 고통이거늘 녹지 않아 고독이다.

 일렁이는 산맥, 햇살마저도 허락을 맡아야 하는 이곳은 바로 히말라야. 추위를 무색하게 만드는 새벽녘 양지와 음지 사이. 사막과 눈, 고독과 해탈 사이. 웃음과 굶주림이 동침하는 롯지.

 새하얀 야크들이 가득한 초원. 멀리 보이는 얇은 옷차림의 한 사내. 날씨를 조련하듯 야크에게 말한다. 고독이란 말이야.

세상의 어깨에 도착했을 무렵 눈물이 흐른다. 눈물이 흘러도, 핏줄을 타고 올라가야지. 척수를 거슬러 헤엄쳐야지. 야크 등에 올라타 발길질을 가해야지.

고된 산행의 끝, 시간이 모인 밤하늘을 바라본다. 별들의 장소에 초대받을 자격이 주어진 것. 작은 별은 더디게 다가오는 운명, 큰 별은 굉음을 내며 스쳐 가는 열차. 히말라야로 잠시 정차한 별들을 헤아리다 잠든 밤, 야크가 찾아와 속삭인다. 고독이란 말이야…….

또 이런 여행을
할 수 있을까

 군대를 전역한 후 복학한 그 해 겨울, 처음으로 해외여행을 다녀오게 되었다. 여행지는 영화 <러브레터>의 촬영지로 유명한 오타루였다. 당시의 나는 이듬해 떠날 유럽 여행에 앞서 해외여행 경험을 혼자서 쌓아보고 싶었고, 그 처음을 가까운(만만한) 일본으로 정했다. 저렴한 항공권을 구하기 위해 종강 다음 날을 출발일로 정했다. 평소 같으면 학기가 끝난 후 친구들과 술 한잔 걸치고 늘어져 자고 있을 시간에 삿포로행 비행기를 타기 위해 인천공항으로 향했던 것이다.

 처음 나가보는 외국, 설레는 마음으로 오타루를 담아낼 필름을 두둑하게 챙겼다. 처음으로 찾은 인천공항 라운지는 김포공항과 비교가 되지 않을 정도로 크고 복잡했다. 탑승 수속을 기다리며 공항 내 식당에서 부대찌개 국밥을 먹었다. 입대 당일 306 보충대 앞에서 먹은 음식도 의정부 부대찌개 아니었던가. 내게는 '처음'과 '떠남'에 관련된 음식은 부대찌개였다.

 처음으로 비행기를 타고 도착한 행선지는 제주도, 두 번

째는 그보다 조금 더 운행 시간이 긴 삿포로. 불과 두 시간 전만 해도 영종대교 위를 지났던 비행기가 일본의 북해도로 진입하고 있었다. 비행기 창문으로 바라본 한국과 일본의 구름 모양은 사뭇 달랐다. 평소에 하늘은커녕 구름을 보지 않은 채 살다가 여행을 떠났다는 이유만으로 자세히 바라봐서였을까, 아래서 우러러보던 것을 동등한 위치에서 마주해서였을까. 구름마저 달라 보이는 게 여행인가 싶었다.

신치토세 공항에 내려 오타루 역으로 가는 기차표를 끊었다. 기차역 노점에서 장어 도시락을 사고서 오타루행 기차에 몸을 실었다. 따뜻한 히터가 나오는 자리에서 차가운 홋카이도 바다를 바라보며 도시락을 까먹었다. 소설 『설국』의 첫 대목이 삿포로에서 오타루로 향하는 나의 시선과 전혀 다르지 않았다. 기차는 멈춰 섰고 역을 나선 내 발등에 흰 눈이 내려앉았다. 주황색 단화가 이내 하얘졌다. 단화를 신고 눈의 나라로 왔던 것. 숙소에 도착하니 주인께서는 내 신발을 보고 걱정스러운 표정을 감추지 못했다. 무릎까지 오는 눈에도 끄떡없을 부츠를 내어 주시고서야 미소를 지으셨다. 어쩜, 부츠는 내 발 사이즈에 딱 맞았다!

거실에서 체크인 절차를 밟으며 주인 아주머님께서 오타루 다음에 어디로 가느냐고 여쭤보신다. 일주일 내내 오타루에 머물다 간다고 말씀드리니 놀라시는 눈치. 홋카이도에 좋은 곳이 얼마나 많은데, 하시며 아쉬워하는 모습이었다. <러브레터>를 보고 감명이 깊었다고, 눈이 많이 내리는 동네에 머물며 일주일 동안 편하게 지내보고 싶었다고 말씀드렸다. 부츠를 내어주셨을 때의 미소를 보이며 다다미방을 안내해주셨다. 타국에서의 첫날 밤이 지나갔다.

오타루에서의 이튿날이 밝았다. 숙소 앞에서 버스를 타고 오타루 역으로 향했다. 우리나라와는 정반대였던 일본 버스를 타고 적잖이 당황했다. 뒷문으로 타서 앞문으로 내리며, 버스비를 탈 때가 아닌 내릴 때 냈던 것이다. 혼자서 외국에 나온다는 것은 버스를 타는 것조차 새롭게 배워야 하는 것일까. 긴장한 채 첫 일본 버스를 경험하고 역 근처에서 내렸다. 러브레터 촬영지인 후나미자카 언덕을 오르기 시작했다. 오분 남짓 언덕을 걸어 올라가 아래를 내려다보면 길게 늘어선 일자도로 끝으로 바다가 이어지는 장면을 볼 수 있었다. 영화에서 보던 장면을 화면을 통해 보는 것이 아닌 두 발로 직접 서서 바라볼 수 있다니! 여행의 희열로 짜릿해졌다.

언덕에서 내려와 운하를 끼고 걷기 시작했다. 운하에서 오르골당까지 늘어선 길을 걸었다. 곳곳에 보이는 유리 공방과

'르타오' 치즈를 앞세운 여러 디저트 가게가 보였다. 인도에는 무릎 높이까지 오는 눈이 쌓여 있었고 장난삼아 발길질을 해보기도 했다. 공터에 아무도 밟지 않은 눈밭을 보고서는 한번 드러눕고 싶다는 생각이 들었지만 참았다. 귀여운 간판 앞에서는 지나가는 일본인에게 연신 '스미마셍'을 외치며 필름카메라 촬영을 요구했다. 오타루 오르골당에서는 왼손을 들어올린 마네키네코 오르골을 장만했다. 계획했던 여행 코스를 부지런히 돌아다니며 혼자 온 여행을 만끽했다.

다음 날 아침, 아주머니께서 길을 나서려는 내게, 오늘 밤에 음식을 해줄 테니 일찍 들어오라고 당부의 말씀을 남기셨다. 내일은 중국인 커플 두 쌍이 온다며 숙소에 사람이 많아지기 전에 음식을 대접해 주고 싶다는 말씀. 12월의 오타루는 오후 네 시만 되어도 어둑해졌다. 저녁이 길어 심심했던 나는 흔쾌히 수락했다(밤 열 시까지 해가 지지 않는다고 해도 그 제안을 거절하지 않았겠지만!). 그날은 한두 시간 먼저 약속 장소에 나와 카페에서 책을 읽는 사람이 된 듯한 홀가분한 마음으로 오타루를 구경하고 숙소로 돌아왔다.

거실의 저녁상에는 주인 아저씨와 아주머니 그리고 나 셋뿐이었는데, 오타루의 눈처럼 소복한 한상차림을 차려주셨다. 각종 해산물과 가라아게를 내어주시며 얼음 잔에 일본 소주를 가득 따라주셨다. 거실에 놓인 텔레비전에서는 일본 예능 프로그램을 흘러나왔다. 말뜻은 못 알아들었지만 개그맨들의 과장된 액션으로도 웃을 수 있었다. 셋이 나란히 앉아 텔레비전을 보며 나는 소주 다섯 잔을 비워냈다. 잘 먹는 내가 기특하셨는지 상차림을 정리하시고 소바까지 하나 말아주셨다. 소바 요리를 해주신 주인 아저씨께서는 아침 일찍 일어나 눈을 쓸어야 한다며, 먼저 잠을 청하기 위해 이층으로 올라가셨다.

아주머님과 나는 알아듣지도 못하는 일본 예능 프로그램을 계속 보았다. 방으로 들어간 남편을 대신할 말동무가 필요했는지 나에게 여러 질문들을 하시기 시작했다. 몇 살인지, 학생인지, 왜 삿포로에는 가지 않는지, 일본어 공부할 생각은 없는지. 번역기의 힘을 빌려 어설픈 일본어로, 손짓, 발짓을 빌려 온몸으로 답변했다. 아주머님께서는 자기는 중국 사람인데 재혼을 해서 일본으로 넘어와 살고 있다고 하셨다. 서로 말이 통하지 않았음에도 불구하고 용케도 알아듣고서는 아, 그러시구나, 고개를 끄덕였다. 술잔을 모두 비워내고 대화가 끝나갈 무렵 예능 프로그램이 끝이 났다. 베풀어주신 호의에 감사의 말을 건네고 자리를 마무리하였다.

방으로 돌아와 씻을 채비를 하고 욕실로 가는데, 거실에서 중국어가 들려왔다. 중국 노래가 흘러나오는 채널을 틀어놓고 멍하니 화면을 마주하고 있는 주인 아주머님이 보였다. 그 순간 마음이 아려와 종종걸음으로 욕실로 향했다. 조심스레 문을 닫고서 뜨거운 물로 오랫동안 씻었다. 떠나온 고향을 그리워하는 마음을, 처음 외국에 나온 나로서는 감히 가늠조차 할 수 없어서……. 김이 서리는 창을 응시하며 몸을 타고 흐르는 물이 한국까지 도달하려면 얼마의 시간이 걸릴까 생각할 뿐이었다. 욕실은 습기로 가득했다.

다음 날, 청어잡이 배들이 정박해있는 작은 항구로 향했다. 항구 뒤편 파노라마 전망대에 올라가 망망대해를 바라보았다. 바다, 눈, 하늘, 구름. 보이는 모든 것이 모두 푸르렀다. 푸르다는 말이 이렇게 많은 색을 포함했는지 감탄했다. 파란, 푸른, 푸르른, 퍼런, 푸르스름한. 푸름을 표현하는 단어가 무궁무진하다는 사실에 한 번 더 감탄했다. '수평선'이라는 단어가 무용지물이 될 정도로 바다와 하늘이 맞닿은 선은, 바다와 하늘이 애초부터 다르지 않았다는 듯이 푸르르게 희미해지고 있었다. 전망대에서 내려와 온천을 찾아 나섰다. 온천 안의 작은 노천에 몸을 담갔다. '마음은 뜨겁게, 머리는 냉철하게'를 몸소 실천한 후에는 바나나 우유 대신 포도 맛 음료를 마셨다. 저녁 식사로는 오타루 운하 근처 '칭기즈칸'에서 양고기를 먹었다. 개인 화로에 구워낸 고기를 야채와 곁들여 간장에 찍어 먹는 방식. 홋카이도 지역에서만 나온다는 삿포로 클래식 생맥주를 홀짝이며 혼자만의 식사를 즐겼다.

생맥주 두 잔을 마시고 기분은 금방 발그레졌고, 식사를 마치고 나온 오타루의 하늘은 어느새 어스름해져 있었다. 사람들의 발자국을 머금은 운하 옆 눈길을 산책했다. 운하의 끝자락에서 한국인 여행자를 만나 서로 사진을 찍어주었다. 그분께서는 성숙하게 나오지 못했다며 연신 재촬영을 요구했는데, '예쁘게', '어려 보이게'가 아닌 '성숙하게'라니. 색다른 요구에 기분이 나쁘지 않고 오히려 흥미로웠다. 혼자 여행을 오신 것만으로도 이미 성숙하십니다, 라고 말씀드리고 싶었지만 이내 삼키고 말았다. 당신은 이미 충분히 성숙하지만 성숙하지 못한 사람이 사진을 찍어서 그런 것이라고도 말하지 못했다. 그렇게 숙소로 돌아가는 버스 안에서 성숙한 사진이란 무엇일까 곰곰이 생각했다.

숙소로 돌아가니 주인이 어젯밤 언질을 준 것처럼 중국인 커플들이 도착해 있었다. 개중 서툰 발음으로 한국말을 건네던 중국인 한 분이 계셨다. 슈퍼주니어와 한국 드라마를 좋아해 한국어를 독학했다고 한다. 거실에서 대화를 나누다 보니 서로 분위기가 풀어졌다. 중국인 분들은 내일 저녁에 다 같이 술 한잔을 하자며 제안(여행은 제안의 연속이던가)했다. 한국어를 할 줄 아시던 중국분이 마침 카카오톡 계정이 있어 아이디를 주고받았다. 내일 일정을 마치고 돌아오는 길에 연락하기로 하였다.

다음 날 저녁 즈음, 자기들은 준비를 모두 마쳤다며 서둘러 오라는 내용의 메시지가 왔다. 술상 사진과 함께 보내온 내용인즉슨 'bali bali'. 한바탕 속으로 웃어대며 '빨리빨리' 도착한 숙소 거실에는 엊그제만큼이나 푸짐한 한상차림이 차려져 있었다. 사람들과 어울리는 것을 수줍어하던 내가 어떻게 여기서 이 사람들과 술자리를 하고 있을까라는 생각도 잠시, 큼지막한 새우살을 향해 젓가락을 들기 시작했다. 주인 분들도 합류하여 저녁 모임이 졸지에 동북아시아 삼국 회담 자리가 되었다. 일본어와 중국어를 할 줄 모르는 한국인, 일본어를 할 줄 아시는 중국인 아주머님, 한국어를 할 줄 아는 중국인 여행자가 모인 술자리. 한·중·일 삼 개국 사람들이 모여 술잔을 부딪히며 이야기를 나누는 진기한 광경이 눈앞에 펼쳐졌다. 저녁 식사를 마치고는 가벼운 술과 함께 젠가 게임을 했다.

엇비슷하게 생긴 나무 모형들이 얼기설기 쌓여진 젠가의 모습이 타국에 모여 술잔을 부딪히는 우리들 모습과 다르지 않아 보였다. 마침 내 차례가 되어 과감하게 하단부의 나무 모형을 빼내려는 순간, 무너지는 나무 탑과 함께 나는 잠에 들었다.

고작 일주일 사이에 동네처럼 익숙해져 버린 오타루 숙소 앞 풍경과 다다미방 내부. 혹자는 오사카도 아니고 오타루는 대체 어디냐, 왜 삿포로는 안 가느냐, 비에이와 후라노 투어를 하지 않은 것이 아쉽다고 했지만, 나는 그저 오타루에 가보고 싶을 뿐이었다. 러브레터의 배경지에 다녀오고 싶었다. 군대에서 보초를 서며 바라본 운염도, 섬 위로 수줍게 쌓인 눈을 보며 속으로 상상했던 미지의 세계를 다녀온 것이다.

홀로 떠난 해외여행은, 처음이라서 여유로웠고 처음이라서 분주했다. 혼자라서 자유로웠고 혼자라서 외로웠다. 그렇게 혼자였기에 숙소에서 만난 이들에게 곁을 잠시 내어줄 수 있었다. 또 이런 여행을 할 수 있을까.

여행의 기억으로

누군가는 일 년

누군가는 십 년

순간의 기억으로

우리는 살아간다.

그 기억이

희미해질 때 즈음

우리는 다시 떠난다.

네 줄 | 찰나의 스침

청양고추를 찾는 시기

마늘은 구우면 구울수록 고소해진다. 눈을 감고 양파를 먹으면 그 맛이 어떠한가, 사과 맛이 난다. 파프리카를 계속해서 씹으면 어떠한가, 아삭한 것이 그 끝맛은 달게 느껴진다. 맵게만 보였던 것들은 다루어지는 방식에 따라 그 맛이 달라진다.

인생이란 청양고추와 오이고추가 섞인 소쿠리에서 반드시 하나를 선택해야 하는 일의 연속이다. 크다고 매운 것이 아니며, 작다고 맵지 아니한 것이 아니라는 사실을 우리는 거듭된 선택을 통해 알아간다.

소쿠리에 손을 넣어 집어 든 고추를 한 입 베어 물었을 때 비로소 그 맛을 알 수 있다. 청양고추를 먹었을 때 매운맛을 없애는 방법은 없다. 우리는 언제나 부여된 상황에 적응할 뿐이다.

어떠한 선택이 어떠한 결과를 불러일으킬지 모르거니와 고통이 있을지라도 고통을 열정으로 불태우기 전까지는 그 끝맛을 절대 알 수 없다. 눈을 감고 고통을 마주하기 전까지는 모른다. 고통을 곱씹어 보기 전까지는 모르는 것이다. 우리는 고통으로부터 자유로워질 수 없으며 경험으로 하여금 고통을 다스릴 수 있는 방법을 터득해 갈 뿐이다.

    그럼에도 삶에는 이따금 고통을 찾게 되는 순간이 있다. 맵지 않은 오이고추를 찾던 어린 시절은 지나가고, 매콤한 청양고추에 나도 모르게 손이 가는 시기가 찾아오는 것처럼.

하나의 오류가 되어

 공산품처럼 찍어내는 하루의 동선. 획일화된 시스템에 불량품 하나 찾기 어렵듯 획일화된 하루하루에 의미 하나 찾을 수 없네. 톱니바퀴처럼 굴러가는 삶에 돌멩이를 끼어 멈추고 싶네. 완벽한 척하던 차가운 기계마저 작은 오류로 허덕이는 모습이 참으로 우습네. 한 톨에 무너질 거라면 차라리 죽어버리는 게 나을지도 모르겠네. 삶에 변덕을, 삶에 오기를 부리는 것이 좋겠네. 톱니바퀴 홈에 반죽을 발라 둥근 원을 만들겠네. 서로를 물어뜯는 이리 떼가 되어 살아가기보다는 둥근 쟁반이 되어 푸른 바다 위를 떠돌겠네. 다름이 틀림이 되는 세상에서 나와 다르지 않은 것들과 몸을 부대끼며 살아가기는 싫네. 천편일률적으로 찍어낸 매일을 살며 화를 재촉하기 싫네. 공장에서 찍어낸 하루의 오류가 되어 공장장을 분노케 할 불량품이 되겠네.

사이다 사랑

물 같은 사랑, 비슷해 보이는 사이다 사랑. 무색무취는 아니지만 무색무취에 가까운. 술에 취한 듯 안 취한 듯, 사랑에 빠진 듯 안 빠진 듯.

사이다 병을 따자마자 넘쳐흐르고, 글라스 잔에 따르자마자 넘쳐흐르는, 이내 김빠지는 사이다 사랑.

김이 빠져도 사이다는 사이다. 사이다가 콜라가 되지 않고, 스프라이트가 칠성이 되지 않으니, 그럼에도 사랑은 사랑. 톡 쏘는 맛은 죽어도 사랑은 사랑.

어찌할 방도가

 손톱 안에 든 검붉은 멍처럼 눈에는 버젓이 보이지만 어찌할 수 없는 것들이 있다. 엄지손톱을 반 이상 잘라내어 고인 핏덩이를 덜어낼 수도 없는 노릇. 그저 하루가 지날수록 검게 변해가는, 영역을 넓혀가는 손톱 속 멍을 바라볼 수밖에. 안 아픈 손가락 하나 없다더니 안 아픈 손톱 하나 없다. 연필을 쥘 때마다 찌릿하게 아려오는 오른 엄지손톱. 둥글게 움켜쥐어 연필을 받치는 엄지로 모여드는 수백 수천 가지의 핏줄, 핏줄을 타고 응집한 혈액, 혈액을 타고 짙어진 검붉은 감정. 이 감정은 좀처럼 사라지지 않고 서서히 자신의 영역을 넓혀가고 있다. 손톱의 주인인 나조차 어찌할 방도가 없으니, 팔짱을 끼고 안쪽에 들어온 오른손으로 애먼 옆구리만 움켜잡을 뿐이다.

새벽의 주인

도망가자, 말해도 될 수 없는 사람이 있다. 버려야 할 것들이 산더미지만 버리지 못하는 사람이 있다. 어떤 이가 선물해 주었는지 기억나지 않는 접시가 언젠가는 필요할 것 같아 이사할 때마다 챙기고 다니는 사람이 있다.

시든 꽃에는 만개할 희망이 없는데, 희망이 없다는 사실을 버리지 못하는 사람이 있다. 아침에 내뱉은 말을 그날 저녁 집으로 데리고 오는 사람이 있다. 누군가 실없이 쏟아낸 웃음과 냉소한 농담을 주섬주섬 챙겨오는 사람이 있다. 옷깃에 스친 찬 기운을, 잠시 내비친 너의 멸시를, 떨어진 나뭇가지를 가지고 집으로 돌아오는 사람이 있다.

수많은 감정을 초대한 새벽, 수많은 손님들을 초대했으니 주인은 잠들지 못한다. 구석진 자리에 앉아 수많은 얼굴, 수많은 후회, 수많은 걸음을 떠올린다. 수없이 많은 숨을 쉬며 거친 숨을 골라보지만 평범히 숨 쉬는 것조차 여전히 어렵다. 어려운 나를 생각한다. 어려움을 생각하는 새벽의 나를. 소리를 내었지만 이내 소리를 머금은 나를. 의견을 냈지만, 감정은 숨

긴 나를. 비슷한 고민을 하는 이 앞에서 어쭙잖은 핑계와 조언을 일삼던 나를 생각한다.

깨어있는 나의 주인은 나, 낮의 주인은 나. 밤의 주인은 누구, 새벽의 주인은 누구. 초대된 손님들이 이리저리 집을 어지럽히는데 주인은 무엇 하는가. 나가라 소리치지 못하고 이불을 뒤집어쓴 채 눈물만 흘렸던가. 그랬던가. 어린 날의 나처럼 그랬던가. 찌그러진 우산을 생각한다. 빗물 대신 눈물이 고여든다.

삶에 가사가 있다면
보고 따라 부를 수 있을 텐데

어쩌다의 미학

택시를 타고 행선지를 말해야 하는데 어디로 가야 하는지 도무지 기억이 나질 않는다. 우리 집이었는지, 너의 집이었는지, 어릴 적에 살던 집이었는지. 한참을 생각하고 있는데 택시는 출발한다. 어디로 향하는지 모르고 올라탄 기차가 나의 의사와는 상관없이 출발하는 것처럼 택시는 출발한다. 어디로 가는지 택시 기사님도, 택시를 탄 나조차 모르지만 어디든 가야겠다는 듯이 택시는 출발한다. 영문도 모르고 채찍질을 당한 말은 차선을 따라 달리고 있다. 간신히 꺼내든 행선지에 도착하니 돈을 내야 한다. 이동에는 지불이 필요한 법이니까.

문을 열고 내린 곳은 어릴 적 살던 이층 주택 앞 골목길. 이렇게 또 과거로 향해 왔구나, 수년을 살았던 주택가 앞 놀이터를 찾는다. 바람의 이동에는 지불이 필요치 않으니까, 그네에 앉아 바람을 맞으며 그에 대한 대가로 몇 자를 적어본다. '좋은 일은 추억하고, 그렇지 않은 일은 글의 소재로: 마음이 편해지는 생각 1'. 마음이 편해지는 생각을 몇 번이고 만들고 싶어지는 새벽, 그네에 앉아 휘청인다.

행선지가 떠오르지 않아도 출발하는 택시처럼 우리는 정확한 목적이 없어도 나아가고 있다. 명확하게 어디로 가야 할지 모르지만 어떻게든 나아간다. 어쩌면 행선지를 알지 못해 출발할 수 있는 용기가 생겼을지도 모른다. 어쩌다 우리는 나아간다. 멈춰 선 그곳이 비록 과거일지라도 어쩌다 우리는 도착한다. 택시를 타고 삶의 재료비를 지불한다.

모서리에서
모서리로

　버스 창가에 비친 햇살이 책의 모서리에서 모서리로 가로지른다. 가로지르는 윤곽이 따뜻하여 한참을 같은 문장에 시선이 머문다. 가로지르는 첫 단어부터 마지막 단어까지 읽어내기가 이렇게도 버겁다. 햇살 어린 페이지의 거리가 아득하다. 문장을 머금은 햇살이 나를 탐한다. 나의 모서리에서 모서리를 가로질러야 하니, 그 기준은 왼손을 길게 뻗은 끝에서 오른발을 길게 뻗은 끝인가. 오른손 끝에서 왼발 끝인가. 혹은 마음 한 켠 작은 심방의 모서리에서 모서리로 가로질러야 하는지. 가로지르는 와중에 돌부리라도 걸리지 않을까, 노심초사하는 마음에 한 번 더 걸리지는 않을까. 모서리에서 모서리로 가는 길이 아득하다.

희석되지 않는 것들

지우개 달린 연필처럼 내가 나를 지우는 사람들이 있다. 희석되지 못함에 지워야 하는 것들, 자기 자신에게만 지워지는 것들이 있다.

순간이라는 잉크에 시간이라는 물을 계속해서 부어내는 것이 인생이라면, 희석되지 못함에 희미해져 가는 것이 인생이라면 무엇을 해야 할까. 무엇을 해야 좋을까.

사람은 던져진 존재라고 하는데, 탱탱볼처럼 어디에 부딪혀 어떻게 튀어 나갈지 모르는 것이 인생이라면, 이왕이면 해야 할 일을 하기보다는 하고 싶은 일을 하는 게, 먼 훗날 자신을 뒤돌아보았을 때 '행복'했던 삶으로 기억되지 않을까.

몽땅, 연필

 항상 칼로 다듬어주어야 하는 연필 끝 날. 너무 날카로우면 단어 하나 끄적이지 못하고 필통 속에서 부서져 버린다. 그렇다고 너무 뭉툭하면 막상 사용하는 순간에 날 것의 느낌이 부족하다. 연필을 다듬을 때면 사용할 때와 사용하지 않을 때를 고려해야 한다.

 살아 숨 쉬는 동안에 연필을 쥐고 무언가를 적어내야 하는 사람이 있다. 손에 무언가를 쥘 힘이 남아있다면 연필 하나를 잡고 일기를 써 내려가야 한다. 일기를 쓰기 시작했다는 것만으로도 자신의 연혁에 거대한 발자취를 남길 수 있다. 시간 앞에서 우리는 모두 몽땅 연필이 되어가는 존재다.

 삶을 몽땅, 연필로 적어내고 기록하는 일은 한 사람이 할 수 있는 작지만 가장 위대한 일이다. 훗날 자신의 모습을 거울에 비추어 보았을 때 멀끔한 연필이고 싶은가, 자신보다 높게 쌓아올린 일기장을 곁에 둔 뭉툭한 연필이고 싶은가.

 그래서 쓰면 쓸수록 뭉툭해지는 연필을 좋아한다. 무뎌지는 감정을 좋아한다. 시간의 결과를, 노력의 과정을 가시적으로 뽐내는 연필을 좋아한다. 뭉툭해지는 스스로를 발견할 때면 나는 연필을 깎는다. 연필을 깎는 나를 바라본다.

기꺼이 헤매라

성공하는 시를 쓰기 위해 우리는 얼마나 많은 근원에 대한 사유를 불성실했는가. 당신은 도토리를 줍기 위해 산에 올랐던가. 칡의 뿌리를 캐내기 위해 산에 올랐음을 잊지 말아야 한다. 타인의 생각을 주워 모으지 말고 자신이 진정으로 원하는 근원의 뿌리를 찾아 헤매라. 도처에 깔린 도토리 밑으로, 아래로, 기꺼이 헤매라.

다섯 줄 | 오직 나로서

혓바닥, 말투, 이기심

 사람의 혓바닥은 평범해서 적응력이 빠르다. 싱거운 음식이 입에 맞지 않더라도 일주일만 참고 먹으면 금세 익숙해진다. 사람의 혓바닥에서 나오는 말투 또한 그러하다. 우리나라에는 다양한 말투를 구사하는 사람들이 있다. 어느 지역 출신인지에 따라 말투가 다르고, 어떠한 마음가짐을 품고 살아가는지에 따라 미묘하게 차이나는 어투가 그러하다.

 평생을 경기도에서 살아온 친구가 포항 소재지의 해병대를 다녀오자 사투리가 입에 붙은 것처럼, 평생을 짜증내는 투로 살아온 사람이 부모와 똑같은 말투를 사용하고 있었다는 사실처럼 말이다. 사람 말투라는 게 입맛처럼 일주일 사이에도 좌지우지되면서도, 평생을 덧칠하여 만들어낸 작품이라 꽤 단단하기도 하다. 딱딱하게 굳은 말투를 고쳐야 한다면 말투를 고친다기 보다는 상황을 달리해야 하는 것이 우선이다. 자신이 처한 환경을 바꿀 수 있다면 의도적으로 주변 환경을 평소와는 다른 상황에 노출시켜야한다.

 기억 속에 아른거리는 사건이 있는데, 당시를 생각해보면 지금도 아찔하다. 사건(나에게는 사건에 가깝다)은 이랬다. 초등학교 저학년 무렵 엄마 친구 분께서 아들과 함께 우리 집에 놀러온 적이 있었다. 그 아들은 나보다 한두살 많은 형이었고, 엄마는 형과 나에게 자동차 운행 게임을 같이하고 놀라며 컴퓨터를 켜주었다. 처음에는 내 차례, 다음에는 형 차례였으나 나는 자리를 비켜주지 않고 계속 게임을 했다. 형은 혀를 내두르며 자리를 박차고 나갔다. 이십 년 가까이 지난 일임에도 불현듯 떠오르곤 하는데, 특히 이기적인 행동을 취한 날에는 더욱 선명해진다.

나는 만나는 사람들로부터 줄곧 퉁명스럽다는 이야기를 듣곤 해왔다. 어릴 때는 누군가가 말투를 지적하면 고칠 생각은 물론 안 하거니와 오히려 기분을 나빠했다. 점점 나이가 들면서 친절한 말투라는 것이 사회적 관계를 위한 일종의 장치가 아니라, 당연하게 가져야 할 덕목이라는 사실을 깨닫게 되었다. 생각해 보면 나 또한 누군가의 사소한 말투 하나로 인해 기분이 상했던 적이 있었다. 그렇다면 나 또한 누군가의 기분을 상하게 하지는 않았을까? 그 사실을 알지 못했던 어린 나는 참으로 이기적이었다.

모든 사람이 이기적이라면 세상이 평화로워질 거라는 가설도 있다는데, 확실한 건 모두가 이기적이라면 조금 더

평화로워질지는 몰라도 따뜻해지지는 못할 것이라는 점이다. 서로 간의 온도가 낮아질 것이 분명하다. 싱거운 음식을 먹으며 건강을 챙기는 것처럼, 재밌거나 상냥한 말투가 놓인 상황에 스스로를 자주 노출시키는 것처럼, 이기적인 마음을 위해 내가 할 수 있는 노력은 무얼까, 이른 아침 눈을 떠 생각해 본다.

'너의 그대로가 소중해', '지금 그대로 있어도 돼', '세상에 너를 맞추지 않아도 돼'와 같은 위로가 많은 요즈음. 곧이곧대로 그러한 말들을 받아들이지 않고, 객관적으로 자신을 바라봤으면 하는 바람이다. 거울을 보았을 때 만족스럽지 못한 부분을 개선해 나가야 한다. 누군가에게서 마음에 들지 않는 모습이 보인다면, 그로 인해서 짜증이 난다면, 그것은 사실 자신이 가지고 있는 결함을 상대방에게서 보았기 때문이다.

퉁명스럽다는 말을 들을지언정 진정성 있는 사람이 되고 싶다. 진정성은 어느 순간 뚝딱 만들어지지 않는다. 장인이 솜씨를 행하는 모습이 보기에는 쉬워 보여도, 막상 직접 해보면 어려운 것은 오랜 시간 갈고닦은 연륜이 없기 때문이다. 이처럼 나라는 사람의 진정성 또한 평소에 먹은 음식들, 평소에 뱉은 말들, 평소에 품은 마음에서 비롯될 것이다. 주변 사람들에게 피해를 주지만 않는다면 퉁명스레 말해도, 짜게 먹어도,

이기적이어도 좋다. 모두에게 착한 사람이 되지 않아도 되지만, 일관성 없이 행동하는 사람이 되지 말아야겠다.

콩밥 아니고 흰쌀밥

오랜만에 친구 Y의 집에 방문하여 식사를 했다. 택민이 온다는 소식에 콩밥 아니고 흰쌀밥을 하셨다는 친구 어머님. 그렇다, 나는 콩밥을 먹지 못한다. 물론 먹으라면 먹을 수 있겠지만 극한의 상황이 아니고서야 콩밥을 피할 수 있다면 피하려는 식성을 가진 한 사람이다.

내가 콩밥을 먹지 않는다는 것을 알고 계시다니! 때는 고등학생 시절, Y의 이천 할머니 댁에 놀러 간 적이 있었다. 낮에는 비닐하우스에서 일손을 도와드리고, 저녁에는 삼겹살을 구워 먹으며 며칠을 지냈다. 친구 할머님께서는 손주 친구들이 이천까지 내려와 농사일을 도와주는 모습에 기특해하시며 삼시 세끼 콩밥을 넉넉하게 내어주셨다. 당시 철이 덜 들었던 나로서는 억지로 콩밥을 먹지 않았다. 타짜가 화투패를 동료에게 건네주듯, 젓가락으로 콩을 골라내어 친구 밥그릇에 몰래 올려놓았다. 십 년이 지난 일화를 어머님께서도 알고 계셨던 것, 그래서 오늘 내가 집에 온다는 소식을 듣고 평소에 콩밥과 잡곡밥을 해 드시는 집에서 모처럼 흰쌀밥을 하신 것이다.

반찬이 부족하지는 않을까 족발 세트까지 시켜주시는 어머님. 배달 온 포장 용기를 뜯으면서 "택민이, 막국수는 못 먹지?" 하시며 주먹밥을 내 앞으로 밀어주시는데, 누군가를 초대하고 누군가의 식성에 맞게 음식을 내어주시는 모습이 굉장히 고마우면서도 가슴 한 켠이 몽글해졌다(메밀 알레르기가 있어 막국수를 먹지 못한다). 정작 우리 집에서는 미리 해놓은 밥을 플라스틱 용기에 덜어 냉장고에 보관해두고, 먹을 때마다 물을 살짝 부어 전자레인지에 돌려먹곤 하는데, 친구 집에 놀러 와서는 김이 모락모락 나는 흰쌀밥을 먹고 있다. 남의 집에 와서 콩밥 아닌 흰쌀밥을 얻어먹고 있으니, 참 나란 녀석도 우스운 사람이다.

아이에게 여행이란

어젯밤, <유 퀴즈 온 더 블럭>을 보며 눈물을 글썽였던 것은 세상을 살아가는 우리 마음과 다르지 않은 이야기의 범람 덕분. 우리에게, 어른에게, 여행의 의미를 다시금 생각하게 했던 아이와의 인터뷰를 풀어내 본다.

길거리를 돌아다니며 시민들과 이야기를 나누는 이 프로그램에서 만난 부자가 있었다. 육아휴직을 낸 아버지와 함께 등원 중인 유치원생 아들. 그들은 두 진행자와 놀이터에 앉아 이야기를 나누기 시작했고, 지난주에 아버지와 여행을 다녀왔다는 아이에게 유재석은 물었다. "어디로 여행 다녀왔어요?" 이어지는 아이의 답변. "아빠랑 보트도 타고, 동물도 보고~" 어린아이에게 여행이란 나라 이름이나 도시 이름이 아니었다. 누군가와 함께 떠났으며 그 누군가와 무엇을 했는지를 기억할 뿐, 여행지의 이름이 여행을 대변하지 않았다.

괜스레 찔리는 마음이 들어 '나에게 여행이란 무엇인가' 자문을 해본다. 누군가 어디로 여행을 다녀왔는지 묻는다면, 나라 이름 도시 이름을 우선으로 내뱉곤 했다. 이를테면 '재

작년 겨울에는 런던에 다녀왔고요', '지난여름 프라하는 무척 더웠고요', '다음 주에는 부산에 놀러 갈 거예요'와 같은 대답들. 여행을 자랑삼아 으스대며 비엔나는 어떻고, 잘츠부르크는 어떻고……. 시내를 걸으며 보았던 앙증맞은 간판들, 시장을 돌며 맡았던 꽃내음, 숙소에서 만난 한국인과의 대화 등 그 도시에서 있었던 이야기가 많았음에도 도시 이름으로 그 여행을 평가하고 정의를 내리던 자신을 발견했다.

한 번의 대화로 상대방을 평가하듯 충분히 경험하지도 않은 채 다녀온 도시의 이름을 읊어댔다. 아버지와의 여행을 추억하며 해맑게 웃는 아이를 보면서 깨달았다. 허영심으로 가득 찬 여행이 아닌, 해시태그와 지도 하나 첨부하는 인스타그램 업로드용 여행이 아닌, 진정으로 나를 이해하고 보다 나은 방향으로 이끌어줄 여행이 필요하다는 생각이 들었다. 우리는 보다 어린아이의 마음으로 여행을 대해도 좋지 않을까.

사람을 자주
고치면 탈이 나는 법

　말을 할 때의 나는 스스로 생각하기에 친절한 사람은 아니다. 친밀감을 느끼는 상대방일수록 퉁명스러운 정도가 높아지는 이상한 부류의 사람이 바로 나인데, 이상하게 글에서만큼은 친절하려고 애쓴다. 친구가 말하기를 "너의 글은 너무 친절해!". 사실 친절하다는 것은 글의 흥미가 다소 떨어진다고도 느껴졌으니, 어제 만난 자전거 가게 아저씨가 "우리 아들 인상이 좋네? 인상이 좋다는 건 개성이 없단 거야"라고 말씀하신 게 떠올라서다. 친구와 아저씨 모두 전혀 악의가 없는 표현이었으나, 글을 쓰고자 하는 사람으로서, 인생을 꾸려나가고자 하는 인간으로서 그런 말들은 따끔하게 다가오기 마련이었다.

　나는 주로 친구들과 여행을 떠날 때, 여행을 계획하는 입장이었다. 세렌디피티는 물론이거니와 계획 밖의 일을 철저하게 배제시키는 스타일의 여행가. 사실 있을법한 우연마저도 계획하는 사람, 무계획을 계획하는 사람, 하나부터 열까지 모든 것을 통제하려는 마음가짐(절대 그럴 수도, 그럴 능력이 없다는 것을 알면서도)을 가진 부랑자가 바로 나였다.

이러한 면모가 글에서도 나타나는 게 아닐까 싶다. 글 속의 나열된 사건이나 감정들을 처음부터 끝까지 글 쓰는 주체가 모두 통제하려고 했다. 읽는 사람의 입장은 고려하지 않고 이게 맞아, 내가 경험한 거니까 지금 우러나온 이 감정이 맞아, 하면서 말이다. 이를테면 에펠탑 앞에서의 우울감이라든지, 노을을 보고 벅차올랐던 나의 감정이 모두 맞다고 느꼈기에, 누군가의 감정이 관여하는 것을 애초부터 막아둔 채 글을 썼던 것이다.

당장 눈앞에 놓인 어느 하나도 생각대로 통제할 수 없고, 내 육체 하나 조절할 수 없는데, 심지어는 머릿속에 맴도는 무언가도 나열할 수 없으면서, 좋아했던 것들에게 괜한 화풀이를 했던 것이 아닐까. 여행은 여행이고 글 쓰는 건 글 쓰는 건데, 동행자가 여행을 계획하면서 죽으러 가자고 하는 것도 아니고 글이란 것도 누군가 읽어주지 않으면 의미가 바래지는데, 기를 쓰고 내가 원하는 방식으로 이끌어가고자 했던 마음은 어떠한 이기심에서 기원이 된 행동인지. 읽어 주기를 바라면서도 감정의 침입은 용서치 못하는 이 이기적인 글쓰기는 어디서부터 시작된 건지.

퇴고를 하며 나의 글에 대한 타인의 생각을 듣게 되면서, 글과 함께 '나'라는 초안을 고쳐나가고 있다. 글은 자주 고칠

수록 좋아지지만, 사람을 자주 고치면 탈이 나는 법. 글이야 수정이 가능하지만 인생에는 뒤로 가기와 리셋 기능이 없으니까. 글의 퇴고란 기존의 문장을 고치고 새로운 문장을 적어내는 것이고, 인생의 퇴고란 나라는 이미 완성된 작품에 색을 덧칠하는 것이다. 칠할수록 망가질 수도, 칠할수록 고귀해질 수도 있는 것, 탈이 나더라도 멈출 수 없는 것이다.

싯다르타의 해몽

 이상한 꿈을 꾸었다. 꿈을 가끔 꾸기는 하지만 이처럼 생생하고 기분이 찜찜한 적은 처음이라서 무더운 새벽녘에 꿈을 기록한다. 친구 L은 꿈을 꾸면 잠결에라도 간단하게 꿈의 내용을 적어두고 다시 잠을 청한다 했었는데, 나 또한 비몽사몽 메모장에 꿈의 내용을 적어본다.

 꿈의 첫 장면, 나는 지하철역에서 친구와 인사를 나누며 헤어지고 있었다. 각자의 방향으로 걸어가던 중 나를 부르는 듯한 어느 아주머니의 외침. 다급한 목소리에 고개를 돌려 아주머니를 마주했다. 눈을 마주친 아주머님은 내게 다짜고짜 커피를 달라고 했다. 무슨 상황인지 이해가 되지 않아 멀뚱멀뚱 서 있는데, 갑자기 내 손에 든 신용카드를 낚아채 가려고 했다. 내가 몸을 돌리자 강압적으로 손을 잡고 물건을 빼앗으려 들었다. 손을 뿌리치며 으름장을 놓으려는 순간, 현실의 내가 손을 크게 휘저으며 침대를 내리쳤고 꿈에서 깨어났다. 흉몽대길이라고 하지만 불길한 마음은 어쩔 수 없어 물건을 빼앗기는 꿈에 대한 해몽을 찾아보았다.

'근심 걱정이 해소되고 자신의 신상이 다른 사람에게 노출될 일이 생긴다는 암시로 해몽된다. 또한 남성의 경우 자신의 연인인 여성이 자기 외의 다른 남성에게 관심을 쏟을까 불안해하고 있다는 것을 나타낸다.'

해몽을 읽었다. 비에 젖은 신발을 다시 신은 것처럼 찜찜한 기분이 계속되었다. 꿈이란 무의식을 대변하는 일종의 장치이기도 했으니, 꿈에서 일어난 일의 좋고 나쁨을 판단하지 않고 현재 당면하고 있는 현실을 생각해보기로 했다. 나의 무의식을 아는 것은 나의 마음뿐. 내 마음이 나에게 전하고자 하는 메시지를 해몽하는 것이 아닌 메시지를 통해 계몽하기로 하였다. 그 메시지로부터 참고할 만한 사항이 있지 않을까 하는 마음으로.

이러한 꿈이 지금의 나에게 찾아온 것을 진지하게 생각한다. 꿈을 해석하는 것이 아닌 꿈이 주는 메시지는 무엇일까라는 질문을 던져 본다. 물건을 빼앗으려고 하는 사람이 나타나는 꿈, 그 해몽은 '자신의 신상이 다른 사람에게 노출될 일', '나의 연인이 다른 사람에게 관심을 쏟을까 불안해하는 것'이었다. 여기서 타인이 주체가 된다는 공통점을 발견했다. 나의 물건, 나의 근심, 나의 연인이 누군가에 의해서 좌지우지되는 상황이었다. 이렇듯 나는 꿈속에서도 주변 상황에 의해서 불안해하고 있었다. 생각해보면 요즈음 내가 맞이한 현실 또한 그러했다. 조바심이 가득했다. 미래를 예측하려 했고 통제하려 했으며 그러한 이유로 스스로를 재촉했다. 빠르게 무언가를 해야 한다는 불안감이 있었다. 그 불안감이 커질수록 상대방의 의견에 더욱 휘둘렸다.

그렇다, 꿈은 내게 너무 조급하지 않아도 된다고, 지혜롭게 하나씩 차근차근 진행해도 된다고 말해주고 싶었던 것이다. 그 순간, 나는 싯다르타가 떠올렸다. 그가 주는 교훈처럼 '인내가 전부'라는 문장을 되뇌었다. 붓다, 석가모니 그리고 싯다르타와 같은 성인과 거리가 먼 사람이라 언제나 그의 말을 되내일 뿐이었다. 그렇게 해서라도 조급한 마음을 조금은 다스릴 수 있다면야…….

새벽잠에서 깬 나는 더위에 허덕이며 즉석의 결과만을 바라고 있었다. 인스턴트 같은 성급한 마음으로, 그 마음이 몸에 해롭다는 것을 알면서도 계속해서 자신을 전자레인지에 내몰았던 것이다. 횡단보도에 흰색 줄이 있는 이유를, 유 퀴즈를 보며 흥얼거렸던 'STEP BY STEP'을 떠올려본다. 눈을 감고 강물이 흐르는 소리에 귀 기울여 본다.

슬스세권

 '스세권'이란 단어가 있다. 도보 기준으로 오분에서 십분 이내에 스타벅스가 있는 지역권이라는 뜻이다. '슬세권'이란 단어도 있다. 슬리퍼를 신고 편한 차림으로 편의점, 카페와 같은 편의시설을 이용할 수 있는 지역권이라는 뜻의 합성어다. 내가 현재 사는 지역은 슬리퍼를 신고서 노래 한 곡이 끝나기도 전에 스타벅스에 도착할 수 있는 이름하여 '슬스세권'이다.

 성인이 되어 이사 온 동네에는 마음 나눌 친구 하나 없기에 볕 좋은 여름날이면 혼자서 시원하게 냉방이 되는 스타벅스로 향하는 날들이 많아진다. 슬리퍼를 신고 카페로 향하는 토요일 정오, 혼자라는 이유로 '-세권'에 더욱 민감하게 반응하고 있다는 생각이 들었다. 해서 요즈음 스스로에게 필요한 '세권'은 무엇인가 생각해보았는데, 두 가지가 필요하다는 생각! 바로, 눈을 뜨고 손을 뻗으면 닿을 거리에 책이 있는 '책세권'과 속내를 터놓고 이야기 할 수 있는 사람이 있는 '(사)람세권'이다.

 책장에는 읽었던 책이 아닌 읽을 책이 꽂혀있어야 한다고 하는데, 내가 지향하는 책세권이란 바로 이런 것이다. 읽고 싶은 책들로 가득한 공간, 언제든지 손을 뻗으면 원하는 책을 꺼내어 읽을 수 있는 공간을 가지고 싶다. 주변을 책세권으로 만들어 스스로의 집값을 올렸다면 주변 인프라를 신경 써야 한다. 책으로 손을 뻗는 물리적인 시간과 거리보다, 심리적인 거리가 중요한 람세권. 누군가와의 심리적 거리를 측정할 수 있다면 많은 사람을 품기보다는 자신의 경계 안에서 소화할 수 있을 정도의 선을 지키고 싶다.

    나는 운이 좋게도 슬스세권에 거주하고 있다. 부모님의 결정으로 이사 온 이 동네는 내가 선택한 결과가 아닐지도 모른다. 슬리퍼를 끌고 편의시설을 이용할 수 있고, 엎어지면 코 닿을 거리에 스타벅스가 위치한 지역에서 사는 것은 우연한 결과에 불과하다. 그러나 인생을 살아가면서 우리는 책세권과 람세권을 자신의 의지만큼 마음속에 구축할 수 있다. 책과 사람이 아니더라도 자신이 중요하다고 생각하는 것들에 대해서 물리적, 심리적 거리를 가깝게 유지하기를 바라본다.

새치

화장실에서 거울을 보며 양치를 하는데, 검은 머리 사이로 흰머리가 쨍하고 빛에 반사된다. 검은 정장 사이의 유일한 흰 드레스처럼 길게 늘어선 저것, 분명 새치다! 그런데 전체적으로 새치가 나지 않고 유별나게 왼쪽 옆머리에서 몇 가닥만 흰색을 띄고 있다. 듬성듬성 새치가 나기 시작하면 늙어가며 나타나는 자연스러운 현상으로 이해하겠지만 한쪽에만 치우친 새치는 어떠한 징조일까. 도통 이유를 모르겠어서 인터넷에 검색을 해보니 '스트레스성'이라는 답변이 주를 이룬다.

'흰머리가 나는 것은 정신적인 스트레스가 주 원인이다.', '새치는 모낭 속 멜라닌 색소의 감소로 인하여 발생할 수 있습니다. 색소 감소의 원인으로는 스트레스를 꼽을 수 있습니다.'와 같은 답변들. 애초부터 '스트레스'가 부정적인 의미는 아니었을 텐데, 이제는 대부분의 사람들이 스트레스라는 단어를 듣는 순간 미간을 찌푸린다. 어떠한 현상이든 간에 그 이유가 스트레스에서 기인한다면 한쪽에서만 새치를 나게 하는 스트레스는 어떠한 종류의 스트레스일까.

우리는 이렇게 명확한 이유를 모른 채 스트레스라고 칭하는 것들이 많다. 분명 화난 이유가 있는데도 '아 몰라, 짜증 나'라고 말하며 자신의 기분을 축약시키는 것처럼 더 이상 생각하기 싫은 것들을 우리는 '스트레스'라고 명명한다. 이와 같은 표현은 글을 쓰고자 하는 사람에게는 굉장히 불성실한 태도다. 상대의 이름을 알아야 부를 수 있듯이, 감정의 이름을 알아야지 표현할 수 있다. 돌다리를 한 번 더 두들겨 보고 건너자는 마음가짐으로 자신을 충분히 헤아려 보아야 한다. 그럼에도 나는 이름 붙임으로써 찾아오는 스트레스에 취약한 편이다. 네 자리 비밀번호를 곧잘 잊어버리면서도, 사소한 감정은 쉽게 잊어버리지 못하는 성격이다. 그래서 이따금 떠오르는 감정들에 끙끙 앓으며 새벽까지 쉽사리 잠이 들지 못한다. 뜬 눈으로 잠을 지새우다가 이른 새벽 감상에 젖어드는 것 또한 이 때문이다. 그 고독의 시간을 오롯이 즐겨 선순환이 되면 좋겠지만, 매번 그 상황을 참지 못하고 흰 수건을 던진다.

다른 이들에게 설파한 것을 정작 본인이 행하지 않고 있으니 다음날 졸린 눈을 뜨며 느끼는 자괴감은 이루 말할 수 없다. 최근에는 그런 날들이 많아져서인지 깊은 잠에 들지 못하고 꿈을 많이 꾼다. 이상한 꿈을 시작으로 오늘 새벽에도 꿈을 꾸었다. 불쾌한 꿈이라고만 느껴지고 내용은 기억나지 않는다. 맛은 정확히 기억나지 않지만 처음 마라탕을 먹고서 다시는 먹지 말아야겠다고 생각했던 것과 비슷하다.

    새치에서 마라탕까지, 한쪽으로 치우친 흰머리와 한쪽으로 치우친 입맛이 다르지 않다. 한쪽으로 치우친 감정으로 살아가는 사람이라서 왼쪽 옆머리에만 새치가 난 것은 아닐까. 이름 모를 고민을 '관계의 고뇌'라고 적어낸다면 보다 명확한 치료법을 제시할 수 있을까. 치우친 마음을 바로 세울 수 있다면 새치도 여기저기서 나오게 될까. 사람을 둥글게 대하면 사랑이 되는지, 사랑을 조각하여 깎아내면 사람이 되는지. 내게는 둥근 마음과 각진 마음이 별반 다르지 않아 이지선다의 답안지마저 긴가민가하다. 거듭된 고민 끝에 제출한 답안지는 오른쪽 동그라미만이 검은색으로 칠해져 있다.

코로나 시대를
살아가는 인프제

작년 말, MBTI 성격유형 테스트를 했던 기억이 난다. 이제는 하나의 문화가 돼버린 성격유형 테스트. 올해 들어 자주 언급되는 이유는 코로나19로 인하여 비대면으로 즐길 수 있는 놀잇거리가 성행하기 때문이라고 생각한다. 검사 시간은 12분 남짓, 방법도 어렵지 않다. 십여 분 동안 자신에게 부합하는 항목을 선택하면 자신도 몰랐던 성격을 명쾌하게 진단해 준다. 이 얼마나 간단하고 손쉽게 즐길 수 있는 놀이인가. 성격유형 결과에 대한 상세한 설명과 사례가 나열되니 그 글들을 읽는 재미 또한 쏠쏠하다. 올해 초여름, 다시 한번 MBTI 성격유형 검사를 했다. 결과는 작년과 같은 인프제(INFJ)였다.

세상에서 1%만 해당하는 유형이라고 하니 인프제인 나를 특별하다고 받아들여야 할지, 유별나다고 받아들여야 할지 고민했다. 시선에 따라서 특별이 유별이 되고 유별이 특별이 되기도 할 텐데, 스스로가 스스로를 '특별할 특'과 '있을 유' 중 무엇에 가치를 두어야 할지 잘 모르고 있다. 성격유형 진단 결과에 대해서는 어느 정도 수긍하지만, 그 결과가 온전히 나를 대변할 수는 없다는 생각이다. 누군가 검사 결과를 물었을 때 I, N, F, J가 각각 무엇을 뜻하지는 지도 모르면서 "나? 인프제야!"라고 대답한 적이 있다. 돌아오는 대답은 "너, 나랑 비슷한 줄 알았는데 완전히 다르네?". 인프제와 알파벳이 무려 세 가지나 달랐던 것. 열여섯 가지 성향 중 완전히 다른 부류인 사람이었던 것이다. 하지만 죽마고우 K와의 관계에서 인프제와 같은 성격유형 결과는 성격 따위가 되었다. 네 가지의 알파벳 중 몇 개가 일치하는지에 따라서 관계가 정의 내려질 수 있을까. 결과에 따른 궁합으로 상대방을 속단하는 것이 옳은 것일까.

최근 어느 예능 프로그램에서 MBTI 테스트가 소개되어 화제가 된 적이 있었다. 포털 사이트 실시간 검색어는 MBTI 검사부터 MBTI 성향, MBTI 연애 유형, MBTI 궁합까지, 이틀 내내 검색어 순위를 점령하였다. 성격유형 테스트 결과 하나로 많은 것을 도출시킬 수 있다는 점은 흥미롭지만 반대로 생각해보면 결과 하나로 사람 자체를 판단하려는 것처럼 느껴져 고개가 갸우뚱했다. 서로가 대면하지 않고서 서로를 어림잡는 것, MBTI. 기성복처럼 상대를 재단해놓고 스스로의 선입견을 만드는 것, MBTI. 이러한 세태 속에서 코로나 시대를 살아가는 인프제가 있다.

왜, 그래?
왜 나한테 그래?
왜 너는 그래?
왜 쟤는 저래?
왜 난 이래?

'왜'와 '-래' 사이에
대상이 들어가는 순간
걱정은 역정이 된다.

피어오르는 싹을 보며

　감춰온 모습을 보이는 아글라오네마 싹. 피어오르는 싹을 보며, 정확하게는 피어오른 싹을 보며 피어오를 적의 몸부림을 떠올린다. 단전에서 끌어올린 힘으로 싹에서 이파리로 변해가는 순간을 나는 보지 못하지만, 분명 흰 주근깨가 피고 노오란 매니큐어를 한 이 생명과 함께 커가고 있음을 느낀다.

　내 몸에 화분을 하나 심고 내 방에도 화분을 하나 키우고 나서부터 작은 생명과 함께 나도 조금씩 크고 있다. 계절이 세 번이나 지난 반년이란 시간 속에, 시든 이파리 하나를 떼어내고 새로운 이파리 둘을 맞이했다. 변색된 이파리는 수분을 잃은 채 고개를 아래로 숙였고, 새 이파리는 총기 있는 얼굴로 하늘을 우러렀다. 시든 이파리를 떼어내자 마음에 새로운 이파리가 피어났다. 비워내야 새로움을 채울 공간이 생겨났고, 시든 감정을 떼어내자 시들어가는 에너지가 다른 감정으로 옮겨가기 시작했다. 옮겨간 에너지가 자립할 수 있을 만큼의 새 이파리를 피워냈고, 그 에너지는 또 다른 이파리를 피울 수 있었다.

어느 운송수단이든 수용인원은 정해져 있다. 자동차는 물론이거니와 10인승, 700kg의 엘리베이터도. 내 몸 화분은 그렇지 않아 시든 감정이 저물면 배로 새로운 감정이 피어난다. 하나는 둘이 되고 둘은 넷이 된다. 이때 마침 흐르는 노래가 스팅의 〈Shape Of My Heart〉이니 우연의 연속으로 삶은 풍족해진다. 지금 내 방과 몸속에 피어오르는 이파리가 비록 우연의 산물일지라도, 이 우연 때문에라도 여전히 나는 살아가고 싶다. 피어오르는 싹을 보며 삶이 주는 묘미를 오랫동안, 자주, 움푹, 맛보고 싶다.

영등포
골방에서 시작된

 영등포는 언제나 풍성하다. 시작은 언제나처럼 '대한옥'의 꼬리 수육, 마무리는 '코젤 다크 하우스'의 흑맥주다. 약속 시각 전에는 역 근처의 가죽 공방 카페 '포프트 커피'를 찾는다. 약속 장소에 한 시간 정도 일찍 도착하는 것이 여유로운 삶을 즐기기 좋은 방법이라는 말을 하지만, 한 시간으로 삶의 질을 높이기 어렵다는 판단에 두 시간 일찍 약속 장소에 도착한다.

 오늘의 약속은 네시 반, 수원에서 영등포행 기차를 타고 두 시 이십 분 즈음 포프트 커피에 도착하여 시그니처 커피를 시킨다. 편집자와 조율이 필요한 의견을 정리하고, 출간 과정의 체크리스트를 작성한다. 남는 시간에는 김기택 시인의 시집을 필사한다. 마음을 쑤시는 시 네 편을 옮겨 적다 약지 끝이 아려온다. 한 시간이 아닌 두 시간 일찍 도착하기 잘했다는 생각이 든다.

 편집자가 도착하고, 습관과도 같아진 영등포 골방으로 발걸음을 옮긴다. 초여름 다섯 시, 아직은 해가 중천에 뜬 시간에 대한옥 골방 구석진 자리에 엉덩이를 붙인다. 소주 한 병을 비울 때 즈음 대화는 풍성하게 무르익고 대한옥 또한 만석을 이룬다. 여섯 시 반, 가게 앞 사람들의 늘어선 줄처럼 입에서 나오기만을 기다리는 단어와 문장을 뒤로 한 채 2차로 향한다. 자리를 옮기는 사이에도 마구 새어 나오는 문장들을 주워 담으며 도착한 맥줏집. 흑맥주 두 잔을 시키고 안주가 나오기도 전에 맥주와 함께 대화를 홀짝해본다. 얼굴만 한 크기의 1리터 맥주로 시작하여, 650밀리리터, 430밀리리터로 점점 작아지는 맥주잔에 대화가 농축된다. 이기적인 대화를 나눈 횟집은 아니었지만, 서로의 의견을 충분히 나눌 수 있던 자리. 이것 또한 회인가, 그렇다. 아쉬움에 발버둥 치는 활기찬 횟감이다.

누군가는 차고에서 이야기를 시작했다면 누군가는 골방이겠거니, 그렇게 영등포 골방에 앉아 죽은 뼈에 눌어붙은 살을 뜯던 사람들이 있었으니, 옹골찬 눈물을 쪽쪽 빨던 입술이 있었으니, 이 기록물은 쪼그려 앉은 그 자리에서 시작했으니 너무 미워하지 마시라…….

여섯 줄 | 용기를 내어

다소 철없는 프로젝트

졸업을 앞둔 올해 1월(2019), 선택의 갈림길에 섰다. 취업 준비의 길로 들어설 것인지, 온전히 나만의 시간을 가져볼 것인지. 나는 그 중 후자를 택했다. 빠르게 흘러만 가는 세상 속에서 온전하게 나만의 시간을 자의로 선택할 수 있는 유일한 시기라고 생각했기 때문이다. 십여 년 이상을 학생의 신분을 이어갔던 나로선 처음으로 직업란에 선택할 항목이 없어진 것이다.

빡빡한 현실 속에서 잠시 인생의 일시 정지를 누른 셈. 엄마에게 올해 상반기는 앞으로의 미래에 있어 생각할 시간을 가지고 싶다 전했고, 엄마는 고민 끝에 아들의 선택을 존중해줬다. 소위 '엄친아'라고 불리는 자들은 취업하고 돈벌이를 하기 시작했으니 엄마 또한 이래저래 눈치를 많이 봤을 것이다. 나 또한 선택을 존중해 주는 선택을 존중했다. 스스로가 세운 반년간의 프로젝트에 나름 거창한 이름을 붙였다. <다소 철없는 프로젝트>.

주변 친구들이 이력서의 빈칸을 채우는 동안 나는 나의 생각들을 공책에 써 내려갔다. 취업 전선에 뛰어들기를 뒤로 한 채 다소 철없는 시기를 겪으며 느낀 점들을 공책에 적어낸 것이다. 이 시기에 행한 모습들이 당장의 결과로 돌아오지 않을 수 있다. 하지만 언젠가 이 시기의 짧은 방황이, 다소 정처 없고 철없던 걸음이 이내 곧 인생의 거름이 될 것이라고 나는 믿었다. 반년을 쉬며 하고 싶은 것을 했고 앞으로 무엇을 하고 싶은지 자문했다. 책을 읽었고 여행을 다녔으며 새로운 취미를 배웠다. 외출할 때마다 〈다소 철없는 프로젝트〉 공책을 가지고 다니며 시절을 놓치지 않으려 순간을 적어내었다. 연필로 생각을 써 내려갔다. 공책을 펼치고 덮으며 흑연은 흘러가는 세월처럼 번지고 희미해졌다. 그럼에도 뚜렷하게 남아있는 글들이 있었다.

 글에는 감정이 묻어난다. 글에는 언제나 힘이 내포되어 있다. 연필을 잡고 꾹꾹 눌러 쓴 글들에는 그 당시 나를 사로잡고 있던 감정들이 고스란히 담겨 있었다. 글을 쓴다는 것은 생각을 염색하는 것과 같았다. 불안한 상태에서 글을 쓰면 문장이 불안했고, 편안한 상태에서 글을 쓰면 단어 하나하나가 편안했다. 선택에 확신이 없었던 1월 초의 글을 보면 유추해 볼 수 있다. 이 다소 철없는 프로젝트의 기록을 되짚어보며 불과 반년 사이에도 나라는 사람이 꽤나 변했음을, 사람이란 끊임없이 변해가는 존재임을 깨닫게 되었다.

그 시절 생각이 염색된 글들을 발췌해본다.

주의 사항

- 이 프로젝트는 나를 알아가고자 하는

  시간 여행으로 그 여행을 재촉하지 않을 것
- 속도가 더디다 하더라도 스스로에게

  질책의 눈길을 보내지 말 것

2019년 1월 24일 13:22
스쳐 가는 바람에도 가치관이 흔들린다

하교 후 분식집 앞을 서성이며 어떤 튀김을 먹어볼까, 고민하던 여덟 살의 나처럼 마냥 확신이 없기에 스쳐 가는 바람에도 가치관이 흔들린다. 젓가락질이 서툴던 어제로 돌아간 듯 무엇이든 쉽사리 집어 들지 못한다. 유리잔에 동동 떠 있는 얼음처럼 물 위를 부유하고 있지만, 반경 일 센티미터도 벗어날 수 없는 순간의 연속을 살고 있다.

혁대 없이 바지를 입고 중간 즈음 단추가 떨어진 셔츠를 입고 밑창이 까매진 흰색 가방을 멘 청년의 삶.

저런 시절이 있었지, 하며 흘러가는 구름을 헤아려 보는 밤. 손으로 잡을 수 없어 눈으로 담아내기 위해 고개를 기울이던 날들이 있었는데.

연필을 쥔 채 떠오르는 생각을 적어낸 후 지우개로 지워내는 일. 흑연의 흔적으로 남아버린 지난날의 과오. 변하지 않으리라 생각한 것이 쉽게 바뀐다는 것을 알고 난 뒤에 찾아오는 무력감.

그리고 안도감. 척수에 흐르는 걱정의 요동. 먼지 한 톨 섞이지 않은 만년설이 녹듯 삶을 스쳐 가는 바람에도 가치관이 흔들린다. 심해를 향해 가라앉고 있는 인생의 추를 걷잡을 수 없다. 어두워져 가는 시야에 빛을 내는 것은 심해에 적응한 보기 거북한 심해어뿐.

앗, 포크가 떨어진다. 공간을 채우는 소리. 미간은 찌푸려지고 어깨는 소스라친다. 문득 정신이 든다. 날렵한 소리에 손끝이 베이고 흐르는 검붉은 피를 닦아낸다. 선분홍 피가 거친 천 위로 스며든다.

2019년 2월 13일 18:31
63호 해성수산

쾨쾨한 냄새
듬성한 칼질
그럼에도
날렵한 손놀림
적당히 섞인 사투리와

툭 던져진 번호표

익숙한 행동반경

엉성하게 묶은 봉지

수건은 짠내를 머금고

바다는 세월을 머금다

2019년 3월 27일 16:19
반만 걸친 사람

　신발을 반쯤 구겨 신은 사람. 어디에도 소속되지 못하는 사람. 그렇게 신발을 구겨 신고 어디에나 반만 걸친 사람이 되어 간다. 언제든 쉽게 벗을 수 있게 신발 끈을 조여 매지 않고 반만 걸친 채로.

2019년 4월 22일 02:05
새로운 여정을 떠나야 할 때

　처음 이 일을 시작했을 때는 열아홉이었다. '장안통닭'에 면

접 문의 전화를 걸어 '용성통닭' 아니냐며 묻고는 된통 혼났었다. 대학 수시 접수를 넣고 시작한 일은 나에게 많은 변화를 안겨다 주었다. 성격도, 지갑 사정도. 꽤나 높은 연령대의 손님들을 모시다 보니 나 또한 그에 맞게 되었다. 마냥 어른으로 보였던 사장님과는 이제 형 동생 하는 사이가 되었다. 그렇게 7년이란 시간이 흘렀다. 대수롭지 않을 닭 담는 일이 내게는 의미가 크다. 나의 대학 생활이고 나의 등록금이며 나의 첫 해외여행의 원천이다. 듣는 귀를 뚫어주고 말하는 입을 뚫어준 곳이다. 그런 곳을 이제 영영 떠나려고 한다. 일생의 계획에 아르바이트는 이 시점까지라는 판단에서다. 그동안 중국어를 가르쳐주던 이모들, 살아가는 게 무엇인지 알려준 장안통닭 가족들, 동고동락하며 몇 날 며칠을 일했던 지인들과 동생들, 닭을 먹으러 왔던 친구들에게 고맙다. 그리고 나에게도. 나도 이제 새로운 여정을 떠나야지 싶다.

2019년 5월 17일 11:00
몰래 찾아온 손님

부스럭하는 소리에 잠에서 깼다. 어젯밤, 덮어 놓았던 책이 들춰져 있다. 서늘한 밤에 누가 내 방에 왔다 가셨나요. 초라한 내

모습에 오래 머물고 싶지는 않았던지 한 장만 넘겨진 시집.

누구도 기억하고 싶지 않은 밤에 몰래 찾아온 손님.

그 손님은 닫힌 창문으로 스며든 새벽 내음이었을까. 닫힌 문 사이로 파고든 엄마의 걱정이었을까. 꺼두었던 형광등에서 나온 빛바랜 조명이었을까. 그것도 아니면 내 안의 내가 깨어나 책을 펴내어 한 장도 채 넘기지 못하고 울음을 쏟아냈던 것일까.

책장 넘기는 소리가 아니라 누군가 흐느끼는 들썩임에 잠에서 깬 것은 아닐까. 필통에 잠든 연필처럼 곤히 누워있고 싶다. 뒤척임에도 꿈쩍 않고 자기 자신의 태도를, 자세를, 유지하는 검은색 연필처럼 가지런히 누워있고 싶다.

2019년 6월 9일 19:40
목욕탕도 아닌데, 때가 뭐가 중요해

지구 온난화에 녹아내리는 빙하처럼 녹지 말아야 할 것이 녹고 있다. 오뉴월에 내리는 눈처럼 내리지 말아야 할 것이 내리고 있다. 한 겨울 네팔 산기슭에서 무더위로 땀이 난다고 하니, 때에 맞지 않는 현상들이 우리를 당황케한다.

하지만 여름, 가을, 겨울, 봄. 일 년, 열두 달. 지구가 만들어지고 달이 우리를 맴돌고 있을 때부터 세상은 시간의 노예였을까. 시간의 존재를 의심하기 시작하니 나이라는 것도 우습게만 느껴진다.

스물여섯 살에 해야 하는 것들이 있을까. 누군가의 위시리스트처럼, 어느 기업의 체크리스트처럼 내가 반드시 했어야만 하는 것들이 있을까. 나이를 먹을수록, 여름을 거듭하여 맞이할수록, 더욱 거세게 압박감을 느끼는 건 모두 선행학습 때문 아닐까.

이렇게 하니 잘 되더라, 후발주자는 그 길을 따라가는 것이 유일한 정답인 양 여긴다. 그 좁은 일방통행의 도로에서 벗어나면 낙오자 취급하고 특이한 사람으로 손가락질한다. 어쩌면 똑같은 길을 찾아 기다리면서 작은 문틈 속으로 들어가려는 모습이 더욱 특이해 보인다.

나이 어린 친구에게 하루하루 감탄을 하고 나이 든 꼰대들에게 매일 실망을 하며 지낸다. 본받을 사람이 있는 반면 저 자식처럼 살지는 말아야지, 하는 사람도 있다. 기준은 분명 시간, 세월, 나이, 때가 아니었다. 본질이 그 기준이지, 절대 나이가 아니었다. 목욕탕도 아닌데 '때'가 뭐가 중요해.

2019년 7월 22일 17:25
누군가 안부를 묻는다면

 누군가 내 안부를 묻는다면 이렇게 말해야겠습니다. 바다는 잘 있습니다. 넘실대는 파도도, 부서지는 절벽도, 여행하는 모래도 무탈합니다. 다만 제 마음의 요동이 자그맣게 있을 뿐입니다. 비행기에서 바라보는 파도는 평평하고 모래사장에서 바라보는 파도는 아찔할 뿐입니다. 바다는 여전히 잘 지내고, 저 또한 잘 지내려고 부단히 노력하고 있습니다.

궤도에서의 고민

로터리를 도는 차들을 보면 무슨 생각이 드는가. 둥근 것이 둥근 것을 돌고 있으니 자전과 공전이 함께 하는 지구의 축소판 같기도 하다. 지구 주위를 도는 달처럼 매일 로터리를 도는 차가 있을까. 어느 방향으로도 이탈하지 못하고 궤도를 도는 차. 자신의 궤도를 타이어 자국으로 덧칠하려는 듯이. 로터리에 찍어낸 사인死因. 사인을 조사하는 경찰관. 궤도에서의 죽음. 육체는 제 자리에 멈춰도 영혼은 여전히 로터리 주위를 맴돌까. 이 또한 관성일까. 잠을 자는 순간에도 머릿속에 맴도는 고민은 로터리를 도는 차와 같을까. 차마 죽지 못함에 빙빙 도는 걸까. 여전히 벗어나지 못한 채.

말아낸 세월

어젯밤에는 세월에 대한 생각을 하다 시간에 대한 생각으로 잠이 들었다. 노래방 시간을 사는 동전, 택시를 타고 집으로 오는 시간에 대한 지불. 시간은 곧 돈이었지만, 세월은 돈으로 살 수 없는 것이었다. 지나간 세월은 그저 추억의 대상이 되었다. 대학생 시절이라고 칭하게 될 줄 누가 알았을까. 어느덧 졸업생이 되어있었다.

흐르는 강물이 강을 만드는 것처럼 시간이라는 강물이 세월을 형성했다. 시간은 분배할 수 있지만 공유할 수는 없었다. 때로는 공유할 수 있지만 분배할 수 없는 상황들도 있었다. 왕복 비행기 표를 끊고 떠난 여행처럼 나는 언제나 기한 있는 삶을 살아가고 있었다.

그래서일까 끝이 보이지 않은 무언가를 맞이할 때면 당혹감을 숨길 수 없었다. 이루 말할 수 없는 불안감에 휘감아지기도 하였다. 대개 미래와 관련된 불안이었는데 즉석의 결과를 바라는 내게 치명적이었다. 기간을 정해놓고 나름의 계획을 세워야 실천을 하고 행동으로 옮기는 스타일이라면 시간을 대하는 방법이 현재가 아니라 미래를 염두에 두어야 할까.

가진 게 없어서 무모했던 시절들이 떠올랐다. 그 시절에 어울리는 걱정들이 머릿속을 감싸고 있었겠지만, 그 당시의 난 지금보다 훨씬 무모했다. 무모해서 저지를 수 있는 것들을 회상해보니 어릴 적 듣던 노래를 오랜만에 듣는 기분과 같았다. 전주만 듣더라도 저절로 미소가 지어지는 것. 무모함에 시간을 더하니 추억이 되었고 그 추억은 웃음(언제 봐도 재밌는 코미디 영상 클립처럼)을 선사하고 있었다. 무모해진다는 것은 삶이 도전적으로 변한다는 게 아니었다. 무모함을 선택하고 받아들임으로써 자신을 보다 세상에 많이 드러내 보인다는 것이었다.

내성적인 성격과 외향적인 성격의 차이는 행동의 출처를 내부로부터 찾느냐, 외부로부터 찾느냐에 차이라고 했다. 내부로부터 찾아낸 행동의 출처는 소신, 외부로부터 찾아낸 행동의 출처는 눈치다. 무모해진다는 것은 타인의 시선에서 벗어나 자신을 조금 더 보여주는 것이다. 나를 조금 더 보여주는 것이 시간을 현명하게 사용할 수 있는 방법이 아닐까 하는 생각이 들었다. 가짜인 모습을 보여주며 시간을 허비하기에는 시간은 꽤나 비쌌다. 세월의 값어치는 더욱 매길 수 없었기에 가짜인 채로 살아가는 것이 아깝다는 생각이 들었다.

거짓된 허황들은 부질없다. 예고 없이 중간을 잘라내어도 거짓 없이 단면을 보여주는, 소풍 날에 챙겨 든 꽉 찬 김밥처럼 소박하지만 충분한 시간을 품고 싶다. 김밥 한 줄로도 배고픔을 감싸줄 수 있는 진짜 음식이고 싶다. 말아낸 세월을 살아가는 이들에게 든든한 김밥 한 줄 내어주는 삶을 살고 싶다.

두 권의 책을
가지고 다니는 이유

 마음에 두 가지 감정을 품을 수 없고, 혼자서 두 가지 메뉴를 시킬 수도 없는 노릇이기에 대신 두 권의 책을 가지고 다닌다. 싫증이 나도 꾹꾹 참으라는 어른들의 말을 두 권의 책 앞에서는 잠시 멈출 수 있기 때문이다. 소설이 질릴 때 즈음 에세이를 꺼내 들고, 에세이가 질릴 때 즈음 소설을 꺼내 든다. 성인이 되어 좀처럼 허락되지 않던 투정이 두 권의 책 앞에서는 어린아이의 귀여운 변덕이 되는 것이다.

 책을 읽을 때도 언제나 두 가지 길을 열어둔다. 이어폰을 끼고 평안해지는 노래를 순차적으로 들으면서 카페 옆자리 연인들의 대화를 엿듣는다. 때로는 연필을 쥐어 스쳐 가는 감정을 적어내고 다시금 파도처럼 그 감정을 쓸려 보낸다. 책을 읽으며 현재의 고민을 떠올려보고 미래의 걱정을 덜어낸다. 인생의 길은 하나만 있는 것이 아니라는 자명한 사실을 두 권의 책을 읽어내는 과정에서 배우고 있다.

 인생은 왕복이 아닌 편도이지만 그 길에는 다양한 갈래가 있다는 것. 지금 걸어가고 있는 길이 온전한 길이 아닐 수도 있다는 사실을 배운다. 중간을 넘게 읽은 책을 덮기란 쉽지 않지만 새로운 책이 있다는 사실에 덮어낼 용기가 생기는 것처럼, 지금 걸어가고 있는 길이 나의 길이 아니라는 사실 앞에서, 포기할 수 있는 용기와 새로운 도전을 할 수 있는 힘은 두 권의 책에서 나온다.

두 권의 책을 가지고 다니는 이유는 두 권의 책을 넘나들지라도 어느 한 책은 끝까지 읽어내리라는 마음가짐으로 살아가고 싶어서다. 노래와 대화의 간극에 서 있더라도, 밀물과 썰물 사이에서 휘청일지라도, 현재와 미래 중간에서 길을 잃을지라도, 끝까지 한번 가보고 싶은 마음에서다.

생각대로 살아갈 수는 없어도

생각만큼 행동할 수는 있지 않을까

가장 나를
슬프게 하는 것은

 나이가 들어감에 있어 가장 나를 슬프게 하는 것은 무모해지지 못한다는 점. 원체 위험을 감수하는 스타일은 아니었지만 이십 대 후반에 들어섰다는 이유만으로 스스로의 영역을 더욱더 좁히는 듯하다. 세상은 넓고 맛집은 많다고 말하던 내가 여행을 품고 사는 마음도 뜸해지고 먹는 음식만 찾으며 끼니를 때우고 있다. 나이를 먹어감에 있어 조금씩 영역을 넓혀가야 할 테지만 무엇의 이유로 작아져 가는가. 넓혀가도 좋다고 말해줄 누군가가 필요하다는 생각. 넓혀도 좋고 좁혀도 좋다고, 지금 너의 선택을 존중한다고 말이야.

그건 너 잘못이 아니라고.
네가 못나서 그런 게 아니라고.
그 정도였던 거라고.
너는 너만큼의 최선을 다하면
된 거라고 그런 거라고.
친구 전화 한 통에 이렇게
위로받는 나라고.
그만큼 약하면서도
이런 친구 하나
가지고 있어 행복한 나라고.

누구나 다 힘들잖아

 누구나 다 힘들잖아. 하나는 공무원 준비에 몇 년을 투자하고 있지만, 아직도 갈피를 못 잡고. 하나는 이 년 반 동안 다닌 직장을 퇴사하자마자 이직을 준비하고. 하나는 야근에 찌든 채 새벽이 다 돼서야 택시를 타고서 퇴근하고. 하나는 사업을 한다 치고 고군분투하고. 하나는 일 년간 막노동을 했는데도 씩씩하고. 하나는 자기 꿈을 위해 아르바이트와 공모전을 병행하고. 하나는 불의의 사고로 반년을 쉬고. 하나는 오 년 만난 애인과 헤어지고.

 그래, 누구나 다 힘들어도 내가 제일 힘들어 보이잖아. 나는 나니까. 나는 나밖에 모르니까. 나밖에 모르는 이기적인 사람인 것처럼 느껴져도 나는 나의 감정밖에 헤아리지 못하는 동물이니까. 당연해. 나도 그렇고 너도 그렇고 이 글을 읽는 누군가도 그럴 거야. 그래도 누구한테도 내 마음을 알아달라고 구걸하지 않을 거야. 그저 상황을 이야기할 뿐, 동정을 바라지 않을 거야. 내가 바라는 건 그저 끄덕임, 그 이상도 그 이하도 아니야. 나 또한 도를 지나친 위로와 격려에 거부감을 느끼고 적대감을 표하니까.

누구나 다 힘들잖아. 아침에 일어나는 내가 힘들고, 알람을 다시 끄는 내 손가락이 힘들고, 운동하는 내 근육이 힘들고, 수영하는 내 어깨가 힘들고, 달리는 내 다리가 힘들고, 독서하는 내 눈이 힘들고, 자꾸 핸드폰에 시선이 가는 건 더 힘들고, 하나에 집중하지 못함에 흔들리는 뇌가 힘들고, 이 와중에 배고픈 내장이 힘들고.

누구나 다 힘들잖아. 우리 엄마도, 아빠도, 누나도, 친구도, 내가 흘리는 눈물처럼 그들도 그럴 거잖아. 인생에 있어 흐르는 눈물의 양이 정해져 있다면 지금은 동남아의 우기처럼 집중된 무렵일 뿐이잖아. 나 너무 힘든데 누구한테도 말할 수가 없다. 왜냐고, 누구나 다 힘들잖아.

당신의 현재 속도는

자동차의 계기판처럼 삶의 속도도 측정할 수 있을까? 삶이 어느 정도로 빠르게 나아가는지 가늠할 수 있을까? 누구에게나 똑같이 주어지는 시간 속에서 나는 상대적으로 어떤 속도의 삶을 살고 있을까?

인생에 결승점이 있다면 계획이라는 것을 세울 수 있겠지만, 인생의 결승점은 각자 모두 다르다. 하물며 결승선이 당장 끊어질 수도 있다. 그렇다. 마지막은 유한할 수도, 무한할 수도 있다. 자신이 허용하는 만큼의 크기가 자신이 살아가는 세계가 되는 것이다. 그 세계 속에서 어느 속도로 나아갈지는 스스로가 정해야 한다. 삶의 속도는 측정되는 것이 아니라 설정해야 하는 것이다.

설정 속도를 꼭 수치로 표시하지 않아도 좋다. 자신을 재촉하는 행위는 마치 열심히 뛰고 있는 마라톤 선수에게 더 열심히 뛰라고 닦달하는 것과 같다. 그 재촉이 독이 될지 촉매제가 될지는 아무도 모르지만, 삶의 속도는 오로지 자신의 상태에 따라 달라진다. 그러므로 자신의 현재 속도를 정하기 위해서는 자신의 상태를 먼저 파악해야 한다. 내가 지금 빠르게 나아갈 수 있는 상황인지, 육체의 충분한 휴식을 취했는지, 어젯밤까지 아파했던 내면의 상처는 치유됐는지.

우리는 어느 정도의 속도로 살아가고 있을까. 만약에 혼자 달리고 있다면 자신의 속도가 빠른지 느린지는 불어오는 바람으로 알 수 있을 터이다. 하지만 우리의 곁에는 바람 외에도 보이지 않는 경쟁자들이 많다. 타인과 비교하게 되는 순간, 나는 빠른 사람이 되기도 하며 느린 사람이 되기도 한다. 충분히 잘하고 있음에도 부족한 것처럼 느껴질 수도 있고 한참 부족한 상태임에도 안일한 태도를 가질 수 있다. 비교는 무섭다. 참으로 무서운 것이다.

각자에게 어울리는 속도가 있다는 사실을 우리는 이미 알고 있다. 사실을 실재로 인지한다는 것은 그 말을 들었을 때 고개를 끄덕인다는 것인데, 진부해지리만큼 많은 이들이 말하는 '개인마다 어울리는 속도가 있다'를 들었을 때 우리는 고개를 끄덕였던가. 비교가 나쁘다는 것을 알면서도 계속 찾게 되는 것은 현대인으로써 숙명일지도 모른다. 현시대의 삶을 살아가는 한 사람이자 사회적인 동물인 우리는 언제나 자신을 누군가와 비교하며 살아간다. 비교는 당연한 행동이지만 그 당연을 타파한 이들을 떠올려보라. 머릿속에 떠오르는 사람들은 당연을 당연하게 여기지 않는 사람들이지 않던가. 어울리는 속도를 설정하고, 그 속도를 유지할 수 있는 사람은 꽤나 매력적인 사람이라는 것을 알 수 있다.

    다시 생각한다. 속도란 무엇일까. 자신에게 어울리는 속도는 무엇일까. 그것은 꾸준히 밀고 나갈 수 있는 무언가다. 삶은 마라톤과 100미터 달리기의 반복이다. 온전히 자신의 일정한 페이스대로 마라톤을 하다가도 어느 순간에는 분명 누군가와 경쟁해야 하는 100미터 달리기가 찾아온다. 자신의 속도가 마라톤에 어울린다면 마라톤을, 자신의 속도가 전력 질주에 어울린다면 100미터 달리기를 택하면 된다. 모두의 성향이 다르듯 속도를 낼 수 있는 역량 또한 다르다. 자신에게 적합한 종목을 선택할 수 있다면 나만의 속도를 설정하는 데 도움이 되지 않을까.

    당신의 현재 속도는?

올해의 궤적을
더듬어보며

금요일 퇴근길, 번개로 친구와 만났다. 인사를 나누고 말없이 막창을 굽는다. 친구는 내게 말수가 줄었고 안색이 안 좋아 보인다고 한다. 며칠 전 회사 직원도 내게 "택민씨, 이번 주 내내 표정이 별로 안 좋네요. 무슨 일 있어요?"라며 걱정을 했었는데, 나는 뭐든 정말 티가 나는 사람이라니까.

며칠 뒤에는 연말 모임에서 만난 친구가 물었다. 너의 그 경박한 웃음소리를 더는 들을 수 없는 것이냐고. 당최 벙어리처럼 입을 다문 이유가 무엇이냐고, 무슨 일이 있는 것이냐고. 아무 일이 없어서 아무것도 생각나지 않았고 아무 말도 할 수 없었다. 그저 그 자리가 좋았고 친구들이 나누는 대화를 듣는 게 재밌었다. 연말에 친구들을 만나 송년회를 하며 삼삼오오 작은 술자리 하나 가질 수 있다는 얄팍한 소속감도 느꼈기에 아무렇지 않았다. 그런데 할 말이 없었다. 생각은 많아졌지만, 말수는 점점 줄어들고 있었다. 이유는 나도 잘 모르겠다. 주변에 눈치를 볼 사람도 없는데, 여기가 회사도 아닌데.

취미를 업으로 삼지 말라는 조언. 좋아하는 것을 하며 살아가는 사람이 있을까. 이대로 이 감정이 지속되면 점점 말라 비틀어질 것 같다. 미간으로 넘쳐흐르는 부정적인 생각을 막기 위해 입이란 수도꼭지를 잠그게 된다. 너무 꽉 닫아버릴 탓일까. 추위에 얼어버린 듯이 어디에서도 아무 말도 못 한 채 앉아있던 것이다. 동파를 막기 위해 졸졸 흘려내는 물처럼 삶의 동파를 막기 위해 뭐라도 졸졸 시작해야 하는 걸까. 조금씩 대화의 물꼬를 터야 했던 걸까. 강을 품고 살아가는 사람에게 세숫대야는 작은 무대였을까. 잘게 흐르는 수돗물로는 만족 못 할 이 사람아.

다음 주면 새해를 맞이하게 된다. 새로운 시대를 맞이하게 될까 하는 기대감은 저버린 지 오래다. 시대가 바뀐다는 것은 오롯이 스스로가 바뀌어야 한다는 점을 시사한다. 내가 바뀌지 않으면 시간은 그저 시간에 불과할 뿐이다. 희미해지는 비행운을 바라보며 올해의 궤적을 더듬어본다. 삶을 더듬기 위해 고민을 끄적였던 지난 글을 훔쳐본다. 일기장을 보며 눈물도 함께 훔쳐본다.

챙길 것만 챙겨서 내년으로 넘어가고 싶은 마음. 옆을 바라보기 위해 고개를 돌리는 것이 한 세계를 넘는 것보다 어렵다는 사실을 그때는 알았을까. 비행기를 타고 국경을 넘는 것보다 주변으로 시선을 돌리는 것이 더 버겁다는 것을. 어려우면 멈췄던 지난날. 지난날의 고민을 훔쳐보며 속삭여본다. 삼키지 못할 것은 내뱉고, 맥주 한 잔 시원하게 원샷 할 내년 여름을 기약하자고.

젊은 날

소설의 끝부터 읽기 시작한다. 스포일러 당한 영화를 아무렇지 않게 시청한다. 죽음을 알고 살아가는 마음으로. 생의 결말을 미리 알고 있다면 보다 의연한 삶을 살 수 있지 않을까 해서. 행복하지는 않더라도 슬프지도 않을 삶을 살고 싶어서. 연필이 닳을 것을 알고 필통에 커터 칼 하나쯤 넣고 다니는 사람처럼 하루하루 뭉툭해지고 싶어서. 그렇게 살다 보면 태어나던 날의 새벽 두 시로 돌아가 물속에 잠길 것 같아서. 소설의 첫 장만을 남겨두고 책을 덮는다. 그것이 삶의 유일한 목적이었던 것처럼. 끝은 알지만, 시작은 어떻게 했는지 기억하지 못하는 젊은 날의 나처럼.

우리에게
필요한 건 호

 직업이라는 것을 처음 가지며 직업이 무얼까라는 생각을 했다. 매일 집으로 돌아오는 전철 안에서 끝없이 자문했다. 누군가가 나에게 무슨 일을 하느냐고 묻는다면 나는 자랑스럽게 이야기할 수 있느냐고. 아직은 아닌 것 같다. 하지만 아닌 것을 아니라고 말하기 전에 아니라고 말할 수 있을 정도의 노력을 했느냐, 그것 또한 아니었다. 무언가를 판단하기 위해서는 섣부른 판단보다는 그 상황에 자신을 녹여내 볼 필요가 있다.

 직업, 그것은 단지 명패와 같다. 직업이라는 명패 대신에 우리는 호가 필요하지 않을까. 어떤 직업을 가지고 있더라도 변하지 않을 자신만의 호 말이다. 백범 김구, 도산 안창호, 삼봉 정도전과 같은 호.

 시스템은 우리에게 직업을 강요하고 우리는 돈을 필요로 하지만, 사실은 우리 자신이 먼저 일지도 모른다. 자신에게 어울리는 호가 우선일지도 모른다. 우리가 우리 서로에게 어떤 일 하세요, 보다 취미가 뭐예요, 라고 자주 물어봤으면 좋겠다.

좋아하는 일을 직업으로 삼는 것은 어렵지만, 좋아하지 않는 일을 취미로 삼을 수는 없으니까.

책을 맺으며

'당시의 나'를 위해서

못다 한 이야기가 많다. 이야기는 지금, 이 순간에도 계속해서 생겨나고 있으니까. 지나온 나날들을 책으로 엮어내면서, 순간을 기록해 온 스스로가 대견하다 생각했다. 출간을 준비하는 수개월 동안에도 많은 생각들이 스쳤고 그 순간들을 최대한 녹여내고자 했다. 그럼에도 부족할 것임을 알기에, 수록된 글들을 날 것의 느낌을 살리면서도 부족한 점을 다듬기 위하여 매일 밤 내가 썼던 글을 보았다. 하루가 멀다 하고 지난날의 생각들을 마주하고 앉아있다 보니 '당시의 나'와 '지금의 나'가 사뭇 다르다는 것을 깨닫게 되었다. 미묘하게 달라졌다는 것을 느낄 수 있었고, 그보다 확실하게 느낄 수 있었던 것은 '당시의 나'가 없었다면 '지금의 나' 또한 없었을 거라는 사실이었다.

수많은 이들이 기록의 중요성을 강조한다. 성공한 사람들의 습관을 예시로 들면서, 그들의 포켓에 든 수첩과 펜을 증거로 제시한다. 기록이 성공을 보장할 수는 없지만, 기록은 행복을 보장할 수 있다고 말하고 싶다. 수년간의 기록을 되돌아보면서 '당시의 나'가 지금 기억하는 것보다 행복한 삶을 살았다는 것을 느낄 수 있었다. 현시대를 살아가면서 우리는 수많은 것들을 스쳐 지나 보내며 많은 것들을 놓친다. 당장 눈앞의 지하철도, 어젯밤의 실수로 보낸 메시지도, 올해의 뜨거운 여름도. 스쳐 지나가는 것들을 모아 기록하다 보면 그 나름의 재미를 느낄 수 있을 것이다. 재미는 세월로 숙성되어 행복으로 부풀어 오른다. 세월의 맛은 추억으로 맛볼 수 있다. 스쳐 지나가는 것들을 기록해보자. 성공을 위해서도 누군가를 위해서도 아닌, '당시의 나'를 위해서, '지금의 나'를 위해서.

'당시의 나'를 위해서

'지금의 나'를 위해서

青春

청춘이 한자로 푸를 청에 봄 춘이잖아요.
20대를 보통 청춘이라고 말하지만,
20대여도 마음이 울적하면
그건 청춘이 아니라고 생각해요.
하지만 반대로 생각해
마음속에 푸른 봄을 품고 있다면
언제, 어디서나, 누구나
청춘의 삶을 살 수 있다고 봐요.
마음에서 비롯되는 거니까요.
고민 한 두름 안고 살아가는 저희 모두가
마음 한 켠에 봄을 간직하고 살았으면 좋겠습니다.

고민 한 두름

우리는 고민을 엮으며 나아간다

ⓒ 이택민, 2020

초판 1쇄 발행	2020년 8월 1일
초판 4쇄 발행	2022년 8월 5일
2판 2쇄 발행	2025년 6월 18일

지은이	이택민
펴낸이	이택민
디자인	한지혜

펴낸곳	책편사
등록번호	제2020-000027호
이메일	chaekpyunsa@gmail.com
인스타그램	@chaekpyunsa

ISBN 979-11-989568-6-6 (13810)